Hermenêutica ontológica
para principiantes

Marta Luzie Frecheiras

Hermenêutica ontológica
para principiantes

1ª Edição
POD

KBR
Petrópolis
2015

Coordenação editorial **Noga Sklar**
Editoração **KBR**
Capa **KBR**
Imagem da capa **Gênesis de Viena, Síria,** *circa* **540 d.C.**

Copyright © 2015 *Marta Luzie Frecheiras*
Todos os direitos reservados à autora.

ISBN: 978-85-8180-399-9

KBR Editora Digital Ltda.
www.kbrdigital.com.br
www.facebook.com/kbrdigital
atendimento@kbrdigital.com.br
55|21|3942.4440

PHI022000 - Filosofia

Marta Luzie Frecheiras é bacharel, mestre e doutora em Filosofia pela Universidade Federal do Rio de Janeiro (UFRJ) e professora na Universidade Federal de Ouro Preto (UFOP). Obteve seu pós-doutorado em Filosofia na Ludwig-Maximilians-Universität de Munique, sob a orientação de Thomas Buchheim, renomado estudioso de Aristóteles, e na Universidad Complutense de Madrid, sob a orientação de Carmen Segura Peraita, uma das mais importantes estudiosas de Martin Heidegger em língua espanhola. Atualmente vem aprofundando suas investigações em Hermenêutica e Filosofia da Religião.

Email marta.luzie@uol.com.br

Dedico esta reflexão aos meus três amores: Camilla Frecheiras, Lucas Frecheiras e Maria Augusta Frecheiras.

Sumário

Prefácio • 11

Capítulo 1: O diálogo entre Jesus e a Samaritana • 15
    Resumo da História de Israel • 15
    A Samaria e os samaritanos • 17
    Messianismo • 20
    Família, mulher, casamento e divórcio • 22
    Estrutura da narrativa • 24
    Delimitação do texto • 24
    Texto grego, tradução, análise linguística e comentário exegético • 25
    Hermenêutica ontológica • 59

Capítulo 2: O não retorno à menoridade • 63
    Os Gálatas • 63
    A religiosidade no Império Romano • 65
    A mulher no judaísmo • 77
    A adoção no mundo greco-romano e no mundo judaico • 80
    A escravidão no Império Romano • 81
    Texto grego: tradução e análise morfológica dos versículos • 84
    Delimitação do texto • 86
    Análise linguística e comentário exegético • 87
    Hermenêutica ontológica • 96

Capítulo 3: Maturidade antropológica e vida eclesial • 99

    Tradução, análise morfológica dos versículos e comentário exegético • 100
    Temas desenvolvidos • 105
    Querer e desejar • 107
    Dualismo ou dialética • 107
    Hermenêutica ontológica • 109
    Conclusão • 112

Capítulo 4: Fenomenologia do mal e da humildade • 115

    Cafarnaum e a sinagoga • 115
    Judaísmo e o mal • 116
    O Período Persa e os demônios • 119
    O helenismo • 121
    Práticas romanas • 123
    Pré-texto • 126
    Estrutura do Evangelho de Marcos • 127
    Crítica Textual • 129
    Texto grego: tradução, análise morfológica dos versículos • 129
    Comparação de passagens cruciais entre as traduções brasileiras: Bíblia de Jerusalém, Bíblia do peregrino e TEB • 134
    Análise linguística e comentário exegético • 135
    Hermenêutica ontológica • 141
    Conclusão • 146

Bibliografia

Prefácio

Em primeiro lugar, gostaríamos de clarificar o objetivo central deste livro, que é demonstrar a importância da Filosofia como auxiliar fundamental na pesquisa exegética. Sem a hermenêutica ontológica, o texto bíblico perde não só a atualidade, como também a profundidade do sentido do Ser.

No entanto, esta demonstração não é realizada por meio de uma exposição argumentativa, mas sim por meio de exercícios práticos de análise exegética e hermenêutica de quatro perícopes bíblicas: Jo. 4:1-26; Gl. 4:1-11; Rm. 7:1-25 e Mc. 1:23-28. Esperamos que o leitor, ao final do livro, esteja convencido da diferença fundamental que a hermenêutica ontológica introduz na exegese.

Além disso, poderíamos tratar a "hermenêutica" afirmando que seria o mesmo que "interpretação", e, portanto, elencar vários autores e seus respectivos posicionamentos e métodos em relação ao tema. Outra possibilidade seria afirmar que a hermenêutica não passa de uma ferramenta que visa atualizar um texto, trazê-lo para os dias atuais, estabelecer a transcendência horizontal de modo a compreender a narrativa na coordenada de tempo e espaço hodierna. Contudo, destarte, estaríamos previamente inserindo a hermenêutica na área da Filosofia denominada "teoria do conhecimento".

Por outro lado, se partíssemos do pressuposto heideggeriano de que a questão central da Filosofia encontra-se no problema do Ser, e também do projeto husserliano de atingir a verdade a partir das vivências psíquicas, a investigação acerca da "verdade" do texto bíblico não passaria somente pela interpretação cognoscente, mas também pela vivência fenomenológica que busca, por meio da *epoché* (εποχη) — suspensão do juízo —, atingir o universal presente em toda vivência subjetiva, presente no caso também no texto bíblico.

Em sua obra intitulada *Investigações Lógicas*, Edmund Husserl estabelece uma crítica contundente ao que denominamos, no sentido estrito, de "psicologismo" (Husserl, 1900/ 2001, p. 52) — doutrina filosófica por meio da qual a Lógica e a Teoria do Conhecimento estariam subordinadas à psicologia experimental. Neste sentido, caso viéssemos a extrair alguma interpretação do texto bíblico a partir do uso das vivências psíquicas, tudo não passaria de psicologismo, de subjetivismo.

Contudo, Husserl pensa a *teoria do conhecimento* a partir da *ontologia*, o que proporcionou a Martin Heidegger, depois de sua experiência como seu discípulo, a possibilidade de dedicar-se exclusivamente a pensar o Ser, o que só foi possível porque Husserl havia conseguido resolver teoricamente o problema do conhecimento como universalidade subjetiva.

Um grande erro que ocorre, tanto no senso comum como entre graduandos de Filosofia, é achar que o fato de a Filosofia moderna centralizar a verdade apenas no sujeito e não mais no objeto, como ocorria com a Filosofia greco-medieval, torna esta verdade subjetiva e relativa. O grande feito de Husserl foi exatamente completar a obra de Kant, naquilo em que este último prescinde do objeto físico no processo de conhecimento. Husserl retira qualquer informação proveniente do objeto exclusivamente das vivências psíquicas, posto que, segundo ele, o que realmente permanece impresso no sujeito é tão somente o fenômeno psíquico, que não é o modo de ser do objeto.

Neste sentido, Franz Brentano, autor do século XIX, afirmava:

> O que caracteriza todo o fenômeno psíquico é o que os escolásticos chamam *Inexistenz* (presença) intencional e que nós poderíamos denominar por (...) relação a um conteúdo, direção para um objeto ou objetividade imanente. Todo o fenômeno psíquico contém em si alguma coisa a título de objeto, mas cada um contém-no a seu modo. (Brentano, 1995, p. 102)

Sendo assim, embora admita a vigência do universal nas vivências psíquicas, Husserl crê que é necessário "peneirá-las", isto é, livrá-las do psicologismo por meio da *suspensão do juízo* em que todos os conteúdos singulares e específicos presentes na vivência são submetidos à autocrítica, postos em questão, tais como formação cultural, sentimentos, traumas, neuroses, patologias, estrutura psíquica, entre outros.

Foi exatamente esse esforço que implementamos ao praticar os exercícios de hermenêutica: buscamos nas narrativas bíblicas sempre o universal vigente, ou seja, o Ser que nelas vige como presença silenciosa e que está, de alguma forma, sempre ecoando como presença nas vivências psíquicas individuais.

Este não é o lugar para explicitar o método teoricamente, porque não sabemos qual será a reação do leitor diante das interpretações propostas, diante do fruto de nossa investigação. Se bem-vindo, poderemos pensar posteriormente numa outra obra mais teórica.

Capítulo 1
O diálogo entre Jesus e a Samaritana
(Jo. 4, 1-26)

Resumo da História de Israel

A morte de Salomão, em torno de 926 a.c., pôs fim ao reino unido de Judá e Israel, dando início à história de dois reinos distintos. O reino de Israel, ao norte de Judá, também acabou liquidado quando a Samaria, sua capital, foi anexada ao sistema de províncias da Assíria. Os sírios atacaram e cercaram a Samaria diversas vezes, mas foram os assírios que finalmente a capturaram em 722 a.c. Sua população foi exilada para a Síria, Assíria e Babilônia e substituída por colonos de diferentes partes do Império Assírio. Quando a Samaria caiu, o reino de Israel deixou de existir e toda a área, não só a cidade, passou a ser chamada de Samaria, transformando o reino em uma parte de seu sistema provincial. Para as pessoas do povo era duro viver sob o jugo dos exércitos assírios, pois o Império e os reis locais exigiam tributos.

Ao cabo da dominação assíria na Palestina, não ocorreu de imediato a sucessão de outro poder imperial. Então teve início um movimento político de independência liderado por Josias, a partir de 640 a.C., e com isso um breve período de autonomia nacional até o tempo da dominação babilônia, que marcará a destruição do Templo de Jerusalém e a vida de Judá no exílio, na Babilônia, entre 597/ 587 e 539 a.C.

Em 539 a.C., os persas, comandados por Ciro, arrancaram aos babilônios a dominação da Mesopotâmia, contando com a simpatia de muitos. Sua dominação se estendeu até 330 a.C. Durante o governo persa teve-se a impressão de um novo e livre ambiente de vida, pois os persas haviam "alargado" o mundo. Nesse ambiente situa-se a agitação sobre a reconstrução do Templo de Jerusalém com verbas do próprio Império Persa (Esd. 6:3-6), e aqui é importante ressaltar a exclusão dos samaritanos na restauração do Templo de 515 a.C. (Esd. 1-6). Por esta razão, o Templo de Jerusalém não existiu sozinho. Em algum momento, provavelmente no período final dos persas, acrescentou-se à Javé um templo no Monte Garizim, na Samaria, local tornado sagrado por sacerdotes dissidentes que viviam em tensão com Jerusalém.

Os Macabeus protagonizaram o acontecimento fundamental na Palestina nos dois últimos séculos antes de Cristo. Alexandre Magno havia se apossado de tudo o que antes pertencera aos persas, e após sua morte inesperada em 332 a.C. seus generais dividiram as terras entre si: a Síria coube a Seleuco, e o Egito e a Palestina a Ptolomeu. Como os Ptolomeus tendiam a se concentrar no Egito, a Palestina, que lhes ficava distante, não lhes interessava tanto.

Entretanto, os selêucidas não pensavam assim, e em 167 a.C. assaltaram Jerusalém e pilharam o Templo. Antíoco IV chegou a invadir o Santo dos Santos do templo para roubar todo o ouro e prata que por lá encontrou; e como agravante, proibiu o culto a Javé em Jerusalém. A partir daí teve início a revolta asmoneia, ou dos Macabeus. O templo foi reconquistado e devidamente purificado em dezembro de 164 a.C.

A partir do reinado de Simão, os Macabeus/ asmoneus se tornaram cada vez mais opressores, na contramão de seu movimento de libertação, ambiente que prevaleceu até a invasão romana.

A Samaria e os samaritanos

Samaria era a capital do reino de Israel. Situada na principal estrada que cortava Israel de norte a sul, a cidade foi construída no topo de uma colina, de modo que pudesse ser facilmente defendida. O trabalho de construção foi iniciado por volta de 875 a.C. pelo rei Omri (886-873 a.C.) e concluído por seu filho Acab, que acrescentou um novo palácio.

Os profetas do século VIII a.C. mencionaram a Samaria com frequência, sempre com hostilidade. Isaías, que a chamava "capital de Efraim" e a ameaçava com a destruição, alude às suas derrotas contemporâneas pela Assíria (Is. 9: 8-12) e põe na boca do rei assírio jactâncias acerca de suas conquistas (Is. 10: 9-11). Amós, que viu tumultos e opressão em seu meio (Am. 3:9) e a ameaçou com a destruição, afirmou que suas mulheres eram vacas gordas (Am. 4:1) e que seus habitantes adoravam Asima (Am. 8:14). Por outro lado, Oseias falava de sua corrupção e impiedade (Os. 7:1), aludia ao bezerro que seu povo adorava (Os. 8:5-6, 10:5) e ameaçava a cidade e seu rei com uma terrível destruição (Os. 10:7; 14:1). Como se não bastasse, Miqueias (Mq. 1:5-7) a denominava "transgressão de Israel", "pecado de Judá", significando que a impiedade da nação alcançava o seu clímax na capital, e a ameaçava com uma total desolação.

Quando o sumo sacerdote judeu João Hircano (134-104 a.C.) conseguiu reconquistar o país, a população local provinha de dois ramos, o judaico e o pagão. Os descendentes dos israelitas tinham conservado a fé ancestral, mas reconheciam tão somente a tradição do Pentateuco e consideravam seu monte Garizim, onde havia sido posta a bênção de IHWH[1] sobre Israel, como o autêntico lugar de culto; além disso, elementos colhidos em religiões estrangeiras misturavam-se às suas cren-

---

1 Nota da editora: IHWH, também na forma Iahweh, de onde se origina Javé em português, é na verdade uma sigla, e se refere à proibição bíblica de mencionar o nome de Deus. Quer dizer, em hebraico, "Aquele que é" (tradução livre).

ças, e por esses motivos os judeus os consideravam cismáticos, quando não heréticos.

A helenização da Samaria começou com a conquista de Alexandre. Perdicas estabeleceu uma colônia militar macedônia na cidade, que permaneceu predominantemente helenística durante o resto do período bíblico. Mais do que a Samaria, porém, Siquém era o centro dos samaritanos. A cidade foi sitiada e destruída por João Hircano em 108 a.C. e reconstruída por Pompeu e Gabínio; na época do Novo Testamento, uma nova cidade de estilo magnificente foi construída ali por Herodes Magno, que estabeleceu no local 6 mil veteranos romanos.

Herodes deu-lhe o nome de Sebaste, que em grego significa "augusta", em honra de seu patrono Augusto. A cidade tornou-se um centro para os samaritanos posteriores, um grupo de origem incerta, desprezado e odiado pelos judeus ortodoxos na época. As ações de Jesus, que viajou pela região e manteve contato com esses samaritanos, surpreenderam a muitos, inclusive alguns de seus próprios discípulos.

No NT, "samaritanos" é o nome dado aos habitantes do distrito de Samaria, mas o nome guarda profundos matizes religiosos. Para os judeus, como já mencionamos, eram um grupo herético e cismático de espúrios adoradores do Deus de Israel, até mais detestados do que os pagãos. A origem da cisma entre judeus e samaritanos se aprofunda na primitiva história israelita; na verdade, provavelmente reflete o fato de que Judá e Israel nunca haviam formado realmente uma unidade. As divisões políticas e religiosas entre Judá e as outras tribos aparecem tanto antes dos reinados de Davi e Salomão como depois da instituição do reino de Israel por Jeroboão I.

Quando a comunidade judaica dirigida por Zorobabel e Josué começou a reconstrução do Templo, a comunidade samaritana quis juntar-se a eles na construção, mas foi rudemente repelida, e passou a hostilizar o projeto de várias maneiras. Quando a construção dos muros começou, as autoridades samaritanas tomaram medidas mais enérgicas: protestaram junto à corte persa sustentando que aquilo era um ato de rebelião, e a obra ficou paralisada até que Neemias viesse como governador (Esd. 4:7-24). Os samaritanos também tentaram assustar Neemias, desencorajá-lo de construir os muros. A tentativa de assassiná-lo (Ne. 4, 6:1-11) foi em vão; contudo, abriu uma brecha irreparável entre judeus e samaritanos. Entre a época de Neemias e o começo do período macabeu, quando os samaritanos construíram o templo dedicado a IHWH no monte Garizim, o cisma se tornou aberto e completo.

Durante as guerras dos Macabeus, os samaritanos foram aliados das forças selêucidas (1Mc. 3:10). Quando os governantes selêucidas se acharam incapazes de subjugar os judeus, lhes concederam parte do distrito da Samaria (1Mc. 10:30-38). Flavio Josefo relata que um bando de samaritanos profanou o Templo de Jerusalém na administração do Copônio (6-9 d.C.), espalhando no santuário ossos de esqueletos humanos.

As crenças dos samaritanos são obscuras, parcamente conhecidas. Tal como os fariseus, acreditavam na autoridade da tradição oral como interpretação da lei. O sacerdócio remontava sua origem a Aarão e relata que Neemias (Ne. 13:28) expulsou um membro da família do sumo sacerdote, que foi para a Samaria.

A hostilidade entre judeus e samaritanos emerge diversas vezes na Bíblia. O Eclesiástico chama o "povo louco que vive em Siquém" de não-nação (Eclo. 50:25-26), e um insulto mortal a Jesus foi chamá-lo "samaritano" (Jo. 8:48). Não existia ruptura mais profunda de relacionamento humano do que a manifesta hostilidade entre judeus e samaritanos, e a amplitude e profundidade da doutrina do amor de Jesus não podia exigir ato maior de um judeu do que aceitar um samaritano como irmão.

Desde os tempos remotos, quando ali havia sido pronunciada a bênção sobre Israel (Dt. 11:29, 27:12; Js. 8:33), o monte Garizim — 870 m. de altura, a 3 km de Siquém — era considerado a montanha dos samaritanos. Ali eles continuavam a adorar IHWH, apesar da centralização do culto em Jerusalém e da destruição de seu templo por João Hircano, por ocasião da conquista do país. Para isso se apoiavam não somente no privilégio de ancianidade, mas também na convicção de que Betel (Gn. 28:17, lugar sagrado e não profano, segundo o Targum), onde o patriarca Jacó tivera a sua visão de Deus, tinha sido o Garizim; o patriarca, aliás, havia erguido um altar em Siquém (Gn. 33:19-20).

O procedimento era frequente na época: assim, os judeus identificavam Moriá (lugar de sacrifício de Isaac) com o monte de Sião, onde se situava o Templo de Jerusalém. Portanto, a concorrência entre os dois lugares de adoração dependeria também dessas interpretações divergentes, caso em que a expressão da Samaritana "Nossos pais adoraram sobre esta montanha" adquiriria então um sentido mais denso. De qualquer forma, não somente a Judeia, mas toda a diáspora judaica havia reconhecido há séculos a unicidade do Templo de Jerusalém, em direção ao qual "subia-se" em peregrinação, vindo de todas as partes.

A arqueologia confirmou a existência do antigo templo sobre o Garizim; segundo R.J. Bull, devia ser visível do Poço de Jacó. Finalmente, descobriu-se recentemente uma tradição segundo a qual os vasos sagrados desse templo deveriam, um dia, ser encontrados pelo personagem escatológico que os samaritanos aguardavam e que restauraria plenamente o culto.

Messianismo

A palavra hebreia "Messias" é um adjetivo que significa "ungido". No AT designava ordinariamente o rei, o consagrado mediante uma unção com azeite. Como ungido ou consagrado por Deus, o rei governava o povo representando o próprio poder de Deus (1Sm. 24:6-10).

Em Deuteronômio (Dt. 18:15) consta a promessa de que o Senhor suscitaria em Israel um profeta como Moisés. Estreitamente ligada à evocação de Moisés como figura do Messias está a do deserto; como Moisés, também o Messias levará o povo ao deserto e ali fará milagres. Os anos do Messias serão quarenta, como os de Israel no deserto. O Messias tirará o povo do deserto, onde tem que passar um período de necessidade e sofrimento. No documento de Damasco (princípios do século I a.C.), o deserto é a figura da salvação messiânica. Davi e Salomão também serviram de modelo para a esperança messiânica. Por outro lado, os movimentos de caráter messiânico eram violentos. A doutrina messiânica, sendo de origem complexa e mesmo contraditória, criou grande confusão no espírito dos judeus, mas a maior parte deles parece ter presumido que o Messias seria um líder político e militar, e que seu advento inauguraria um estado físico terreno. Para McKenzie (2011, p. 605), "o termo 'messianismo' indica um conjunto de ideias bíblicas que dificilmente podem ser definidas e as opiniões dos estudiosos sobre os elementos integrantes do messianismo diferem grandemente".

As expectativas eram diversas e fluidas. McKenzie enfatiza ainda que "não é nem sequer certo que o termo messias tenha sido usado como título em qualquer literatura da época". A expectativa judaica [ortodoxa] pelo "Messias" somente se cristalizou e se uniformizou após a destruição do Templo, em 70 d.C., e se padronizou "em decorrência da reflexão intelectual rabínica". Contudo, advertem, "a raridade do termo messias na literatura judaica da época não significa que não houvesse nenhuma expectativa de um líder real ungido".

Porém, ainda que não houvesse uma "doutrina messiânica" entre os letrados, conforme Konings (1997), no aspecto social e político havia a expectativa de um libertador. O Messias deveria vencer e expulsar os inimigos do povo, restaurar o reinado de Davi (também territorialmente, o "Grande Israel") e propiciar bem-estar ao povo.

Houve quem pensasse numa missão universal do Messias ou do povo messiânico. Outros esperavam do Messias o ensino perfeito da Lei, a pureza do culto, do Templo e da Cidade Santa, eliminando ou consagrando tudo o que fosse profano (Konings, 1997, pp. 89-90; Zc. 14:20-21).

Família, mulher, casamento e divórcio

"*Baal*", a palavra hebraica que traduzimos por "marido", significa, em parte, "governar", "dominar". Também pode ser traduzida como "senhor", "amo". Como cabeça da família, o esposo era responsável por seu bem-estar. Todo casal se unia com a ideia de ter filhos, especialmente ansiosos por ter um filho varão. O pai judeu assumia a liderança espiritual da família, funcionava como seu sacerdote (Gn. 12:8; Jó 1:5). Esperava-se que ele conduzisse a família na observância dos vários ritos religiosos, tais como a Páscoa (Ex. 12:3). Nos tempos bíblicos, um homem que não sustentasse adequadamente a família era culpado de ofensa grave.

No casamento, a mulher assumia espontaneamente um lugar de submissão ao companheiro. A responsabilidade da esposa era a de auxiliadora do marido, aquela que lhe faz bem e não mal, todos os dias de sua vida. Sua principal responsabilidade girava em torno do lar e dos filhos, mas às vezes se estendia ao mercado e a outras áreas que afetavam o bem-estar dos seus. A família judia esperava que a esposa se tornasse como uma videira frutífera, enchendo a casa de filhos. Assim, a mãe saudava o primeiro filho com muita felicidade e alívio.

No período bíblico, as filhas não eram prezadas como os filhos varões. A filha estava sob o domínio legal do pai até que se casasse, e o pai tomava por ela todas as decisões importantes, tais como a escolha do companheiro. Mas a filha era solicitada a dar seu consentimento na escolha de um noivo, e às vezes até lhe era permitido declarar preferência (Gn. 25:58; 1Sm. 18:20).

Esperava-se que a filha ajudasse a mãe no lar. Bem cedo na vida ela começava a adquirir as várias habilidades de que necessitava para tornar-se uma boa esposa e mãe. Aos 12 anos de idade, a menina tornava-se dona de casa com seus direitos próprios e lhe era permitido casar.

As moças dos tempos bíblicos preocupavam-se muito com sua aparência. Acreditavam que a pele clara era bonita. Se uma jovem ficasse bronzeada pelo sol, ela se escondia da vista pública (Ct. 1:6). Por este motivo, as mulheres procuravam fazer o trabalho externo nas primeiras horas da manhã ou entardecer.

A posição legal da mulher, em Israel, era inferior à do homem. O pai de uma mulher podia vendê-la para pagar uma dívida, caso em que ela não poderia ser libertada depois de seis anos, como ocorria com o homem (Lv. 25:40). Outras leis hebraicas ofereciam proteção às mulheres. Se o homem tomasse uma segunda esposa, ele ainda era obrigado, por lei, a alimentar e vestir a primeira esposa, e a continuar a ter relações sexuais com ela (Ex. 21:10).

As mulheres se levantavam de manhã antes de todos, e acendiam o fogo na lareira ou no fogão. O principal alimento da dieta judaica era o pão. Com efeito, a palavra hebraica para alimento ("*ohel*") era sinônima de pão. Um dos deveres da esposa e da mãe, portanto, era moer o grão para fazer farinha, o que requeria vários passos; e não dispunha de nenhuma tecnologia moderna.

Todas as famílias necessitavam de água. Às vezes construíram sua própria cisterna para armazenar a água de chuva, mas, na maioria das vezes, a água vinha de uma fonte ou de um poço no meio da aldeia. A caminhada em busca de água dava à esposa a oportunidade de conversar com outras mulheres da aldeia. As senhoras, muitas vezes, se reuniam em torno da fonte de água ao entardecer ou bem cedo de manhã, para trocar novidades e boatos (Gn. 24:11).

A lei de Moisés permitia que um homem repudiasse sua mulher quando ela não fosse agradável aos seus olhos, ou por ele ter achado algo indecente nela (Dt. 24:1). Embora a lei de Moisés permitisse ao homem divorciar-se da esposa, esta não tinha permissão para divorciar-se do marido por motivo algum. Se fosse dado à mulher um certificado de divórcio, ela poderia casar-se de novo com qualquer homem, exceto com um sacerdote (Lv. 21:7; Ez. 44:22). Contudo, o novo casamento a impedia de retornar ao primeiro marido, caso, por exemplo, o segundo viesse a falecer.

Estrutura da narrativa

Texto	Foco de atenção
v. 1	Indicativo do motivo do deslocamento: fariseus ficaram sabendo que Ele fazia mais discípulos e batizava mais que João.
v. 2	Explicação: Jesus não batiza, e sim seus discípulos
v. 3	Itinerário da viagem: deixar Judeia e retornar à Galileia
v. 4	Passagem por Samaria
v. 5-6	Chegada na Samaria — cansaço de Jesus Fonte de Jacó e a hora sexta
v. 7-15	Diálogo em torno do poço — A mulher da Samaria vem buscar água — Jesus que pede água — Discípulos vão à cidade comprar alimentos — Diálogo de Jesus com a mulher da Samaria em torno do poço
vs. 16-26	Diálogo em torno dos maridos — Vai buscar seu marido — Não tenho marido — Tivestes cinco e agora o que tens não é teu — Profissão da mulher Montanha — Adoração: — Lugar da adoração — Conteúdo da adoração

Delimitação do texto

A perícope escolhida faz parte do capítulo quarto do Evangelho de São João, e nos introduz progressivamente na dinâmica da revelação de Jesus à comunidade. O capítulo está inserido no itinerário marcado por viagens: a Jerusalém, à Judeia, à Galileia e à Samaria.

Texto antecedente

As perícopes anteriores apresentam Jesus em Caná da Galileia (Jo. 2:1-12), onde realiza seu *primeiro sinal*. Há aí, portanto, uma indicação de lugar seguida por um itinerário de viagens. Saindo de Caná da Galileia, Jesus sobe a Jerusalém (Jo. 2:13). Enquanto permanece em Jerusalém realiza muitos "sinais pelos quais muitos creram nele" (Jo. 2:23-25). Neste ponto se situa o início da nossa perícope (Jo. 4:1-26).

Texto subsequente

O contexto posterior (Jo. 4:26-54) começa com uma marcação estilística de tempo e de lugar: depois daqueles dois dias, ele partiu para a Galileia, indicando a partida, ida e retorno à sua pátria (Jo. 4:45). Chegando à Galileia foi recebido pelos galileus, que tinham visto tudo o que ele fizera em Jerusalém.

Texto grego,[2] tradução,[3] análise linguística e comentário exegético

Jo. 4:1
Ὡς οὖν ἔγνω ὁ Ἰησοῦς ὅτι ἤκουσαν οἱ Φαρισαῖοι ὅτι Ἰησοῦς πλείονας μαθητὰς ποιεῖ καὶ βαπτίζει ἢ Ἰωάννης,
Quando Jesus soube que os fariseus ouviram dizer que Jesus fazia e batizava mais discípulos que João,

Ὡς e οὖν — conjunção e partícula juntas, demarcando a subordinação da oração que se inicia e a entonação da frase. A primeira (ὡς) conjunção de tempo, e a segunda (οὖν), partícula que marca a consequência. Neste sentido — "quando" e

---
2 Fonte do original em grego: http://www.biblewebapp.com/reader/
3 Tradução nossa.

em "consequência" do que Jesus soube — é o que o texto grego está frisando e está associado ao que ocorrerá em seguida no versículo 3.

Nosso texto abre em 4:1 mencionando o largo número de convertidos que Jesus está fazendo e a menção da partida dos fariseus, mencionada na passagem Jo. 3:22. O episódio não deve ser interpretado isoladamente, mas sim em relação a um todo, para que se possa compreender a dinâmica inteira do QE.

Esse deslocamento é motivado pela palavra de Jesus: "Um profeta não é honrado em sua própria pátria" [ἐν τῇ ἰδίᾳ πατρίδι] (Jo. 4:44). Na tradição sinótica, esse provérbio sublinha o fracasso experimentado por Jesus de Nazaré. Em João, a "própria terra" parece ser realmente a Judeia, o contexto tende para esse sentido. Sob a pressão dos fariseus, Jesus deixou a Judeia pouco hospitaleira: a despeito da adesão daqueles que viram seus milagres, os judeus, começando por Nicodemos, não se juntaram a ele (Jo. 2:23-25). Jesus deixa provisoriamente a Judeia, onde se sente ameaçado, e espera encontrar na Galileia a audiência sonhada.

Jo. 4:2
καίτοιγε Ἰησοῦς αὐτὸς οὐκ ἐβάπτιζεν ἀλλ' οἱ μαθηταὶ αὐτοῦ,
se bem que o próprio Jesus não batizava, mas os seus discípulos,

καίτοιγε — outra conjunção (καίτοι — conjunção, bem que; somada a γε — partícula de ênfase). A Guidda entende o sufixo τοι reforçando uma afirmação, vindo, quase sempre, em composição, sendo raro na forma simples, enclítica (Horta, 1983, p. 148).

Logo após a afirmação no versículo 1, aqui ela é corrigida imediatamente: um autor não teria escrito uma afirmação tão confusa por iniciativa própria, já que o evangelista em outro lugar disse que Jesus batizava (Jo. 3:22). Sendo assim, podemos supor que outro autor mudou sua frase, num sinal de manipulação redacional.

Konings (2005, p. 124) afirma em seu livro que o versículo dois corrige o versículo um, dizendo que Jesus não batizou pessoalmente. Na redação final do QE notamos certa harmonização com a tradição sinóptica, que não menciona atividade batismal alguma do próprio Jesus.

Jo. 4:3
ἀφῆκεν τὴν Ἰουδαίαν καὶ ἀπῆλθεν πάλιν εἰς τὴν Γαλιλαίαν.
deixou a Judeia e foi novamente para a Galileia.

ἀφῆκεν — ἀπό + ἵημι
ἀπό — preposição que demarca afastamento: longe de, a partir de, desde (afastando-se); e ἵημι — verbo que significa "colocar em movimento". No tempo histórico, que é o aoristo, ela assinala o fato de que a partir daquele ponto Jesus saiu em retirada, lançou-se, arremessou-se para longe dali.

O núcleo destes versículos (Jo. 4:1-3), portanto, é um dado de itinerário — ἀφῆκεν (...) εἰς τὴν Γαλιλαίαν —, pois estamos supondo que este versículo, junto com os dois anteriores, forma uma passagem transicional, que, em certa medida, dá um relato de continuidade e constitui um fundo geral de referência. Some-se a isso o motivo da marcha: os fariseus tinham ouvido que Jesus estava fazendo e batizando mais discípulos do que João.

Jo. 4:4
Ἔδει δὲ αὐτὸν διέρχεσθαι διὰ τῆς Σαμαρίας.
Mas era necessário ele atravessar através da Samaria.

Ἔδει — terceira pessoa do singular do imperfeito ativo do modo indicativo do verbo, forma impessoal, proveniente de δεῖ, que, por sua vez, quer dizer precisar (era preciso, era necessário).

διέρχεσθαι + διά. + genitivo — a preposição διά aparece duas vezes no mesmo versículo, além de seguida por artigo no genitivo, enfatizando o "através de". Esta preposição, quando associada a um verbo de locomoção, marca o cruzamento na diagonal. Neste sentido, no texto grego fica ressaltado que *era preciso*, era necessário passar pela Samaria, através da Samaria (atravessar cruzando na diagonal) (Jo. 9:52). Por outro lado, a frequência do δεῖ aparece também em Mt. 16:21 e Lc. 2:49, como a "necessidade relacionada à vontade de Deus".

Jesus teve que deixar a Judeia provavelmente por causa do medo, da hostilidade dos fariseus, que tinham suas razões, considerada a purificação do Templo por parte de Jesus e também os sinais que ele apresentava. O caminho da Judeia para a Galileia pela Samaria levava em torno de três dias. Judeus mais escrupulosos faziam um desvio na Pereia para não se misturarem àquela "raça odienta", um preconceito que Jesus evitou cometer não somente nessa ocasião, mas também em posteriores (Lc. 9:52).

Dirigindo-se à Galileia, é preciso que Jesus passe pela Samaria (v. 4). Muitos estudiosos calculam que essa indicação seja somente de ordem topográfica; segundo o historiador Josefo, era esse o caminho mais curto para os peregrinos daquele tempo, mas essa explicação não leva em conta o contexto: geograficamente, ter-lhe-ia sido mais fácil seguir pelo vale do Jordão, como se fazia frequentemente. O verbo ἔδει supõe um motivo teológico: se Jesus atravessou a Samaria era porque sua missão o exigia, segundo o desígnio de Deus.

A necessidade explicitada por João, porém, é de outra ordem: a travessia era necessária segundo a missão messiânica de Jesus, que vai oferecer seu amor-espírito à Samaria, a prostituída, que o aceita. A nova aliança, anunciada em Caná, se dirige à humanidade inteira, e não vai fracassar pela negativa dos seus. A rota que Jesus elege era, no entanto, o caminho ordinário para passar da Judeia à Galileia.

A Samaria era uma região considerada pelos judeus como heterodoxa, povoada por uma raça de sangue mesclado e de religião sincrética. Existia entre ambos os povos uma profunda inimizade: os judeus desprezavam os samaritanos. Além disso, chamar alguém por este nome, "samaritano", é um dos maiores insultos (Jo. 8:48). Os judeus tinham destruído o templo samaritano do monte Garizim e esse fato havia exacerbado o ressentimento. Nos tempos do procurador Copônio, como já mencionamos, alguns samaritanos haviam profanado o Templo de Jerusalém durante as festas da Páscoa, espalhando ossos humanos pelos átrios, e por isso lhes foi proibido o acesso.

Em Mateus (Mt. 10:5), Jesus recomenda aos discípulos que não se encaminhem para a Samaria; em Lucas (Lc. 9:51-56), os discípulos que atravessam a região ali recebem um acolhimento mais do que reservado. Jesus, todavia, distinguiu um samaritano, o único dos dez leprosos curados que havia demonstrado gratidão, e o deu como exemplo numa parábola, o "bom samaritano", contrapondo-o aos levitas do Templo (At. 8:1-25). Historicamente, a passagem de Jesus de Nazaré pela Samaria constitui uma dificuldade: foi somente depois da Ressurreição que os discípulos ousaram evangelizar os samaritanos. Por todas essas razões, tende-se a ver no episódio joanino uma antecipação fictícia da missão exercida pela Igreja depois da Páscoa. Não existe clareza quanto a este ponto; seria ela, aliás, indispensável? O interesse não está aí, e sim na perspectiva teológica da narrativa.

Ligada ao projeto de ir para a Galileia, a passagem da Judeia para a Samaria faz pensar na profecia de Isaías, segundo a qual os dois reinos separados (Israel e Judá) seriam um dia reconciliados, enquanto Acaz, rei de Judá (734-719), receara a coalizão siro-efraimita (Is. 7-8). Isaías anuncia que o rei justo sobre o qual pousará o Espírito de Deus "reagrupará os banidos de Israel, reunirá os dispersos de Judá" (Is. 11:12; Os. 2:2; Jr. 3:18; Ez. 16-24). Aproximando-se esse texto da profecia de Caifás em João (Jo. 11:51), é lícito pensar que por trás da Samaria João visa o antigo Israel.

É diante desse horizonte que se deve abordar o capítulo quatro de João. Fica evidente que, passando pela Samaria para chegar à Galileia, Jesus quer reconciliar simbolicamente os dois povos, os irmãos divididos desde os primórdios da realeza; e essa reconciliação ocorre depois de uma perseguição de Jesus pelos fariseus.

Jo. 4:5
Ἔρχεται οὖν εἰς πόλιν τῆς Σαμαρίας λεγομένην Συχάρ, πλησίον τοῦ χωρίου ὃ ἔδωκεν Ἰακὼβ Ἰωσὴφ τῷ υἱῷ αὐτοῦ.
Vai então a uma cidade da Samaria chamada Sicar próxima do sítio que Jacó deu a João, seu filho;

ἔρχεται — terceira pessoa do singular do presente médio do indicativo do verbo ἔρχομαι, que quer dizer ir e vir; trata-se do presente histórico.

οὖν — partícula marca de consequência; aqui, especificamente, marca uma consequência do itinerário seguido.

Próximo a esse povoado estava o terreno cedido por Jacó a seu filho José (Gn. 33:19, 48:22), onde este havia sido enterrado. A cidade existente nos tempos de Jacó se chamava Siquém, e próximo a ela havia surgido a cidade mais moderna de Sicar, chamada a "cidade dos bêbados" (Is. 28:1) ou "cidade dos mentirosos" (Hab. 2:18). Siquém havia sido destruída há mais de um século.

Jesus estava atravessando uma terra carregada de uma história que remontava às origens de Israel, anterior à divisão entre judeus e samaritanos. Se os habitantes eram desprezados pelos judeus, seu território, por outro lado, participava das glórias dos começos. Ambos os povos, judeus e samaritanos, estavam unidos naquelas origens.

Jo. 4:6
ἦν δὲ ἐκεῖ πηγὴ τοῦ Ἰακώβ. Ὁ οὖν Ἰησοῦς κεκοπιακὼς ἐκ τῆς ὁδοιπορίας ἐκαθέζετο οὕτως ἐπὶ τῇ πηγῇ ὥρα ἦν ὡς ἕκτη.
havia ali uma fonte de Jacó. Então Jesus cansado da

caminhada sentou-se assim sobre o poço; era por volta da sexta hora.

πηγὴ τοῦ Ἰακώβ — nominativo feminino singular de primeira declinação; tema em ῆ; paradigma: πηγή, ῆς, ἡ. Significa fonte; aparece sem artigo, provavelmente por semitismo.

κεκοπιακὼς — provém do verbo κοπιάω, cansar. Particípio perfeito: cansado. O aspecto verbal do particípio perfeito é a marca da ação concluída, acabada, terminada. Jesus estava cansado. Pode ser um indício linguístico para indicar que os discípulos haviam ido comprar comida e Jesus, não. Se o autor quisesse simplesmente nos contar que Jesus estava cansado, ele teria usado o aoristo, que é o tempo histórico; mas quis frisar que Jesus estava *realmente* cansado. Esta raiz aparece aqui e em Jo. 4:38. É possível que exista uma relação entre as duas passagens.

ἐκαθέζετο — terceira pessoa do singular do imperfeito médio do indicativo do verbo depoente καθέζομαι que quer dizer sentar-se, pois é a voz média; no imperfeito traduzimos por "sentou-se". O importante a destacar aqui é o aspecto verbal do imperfeito,[4] que é a duração, a habitualidade. Na língua grega, quando se escreve que Jesus se sentou sobre o poço, isto significa que naquele momento Jesus, cansado, estava se sentando sobre o poço, e se associa ao versículo seguinte, em que uma samaritana chega. Provavelmente ele estava se sentando quando ela chegou.

ἐπὶ τῇ πηγῇ — a preposição ἐπὶ + dativo significa "sobre", mas sem movimento; e pode significar "em cima de, em". O texto joga com a ambiguidade: Jesus será a nova fonte que substituirá a de Jacó. Para fazer jus a este simbolismo, João usa aqui o termo "fonte" para designar o que mais adiante será chamado de "poço" (Jo. 4:11-12).

---

4 O aspecto do imperfeito é o mesmo do presente e do futuro. São verbos marcados pelo aspecto durativo, habitualidade. O aspecto durativo ressalta que uma ação está ocorrendo no momento em que ela está sendo relatada.

O poço citado neste verso estava situado cerca de Siquém e era único na região, um poço profundo, que, segundo dados arqueológicos, esteve em uso desde 1000 a.C. até 500 d.C.

No Antigo Testamento, a única relação de Jacó com seu poço está em seu encontro com Raquel em Harã (Gn. 29:2-10); Jacó deixa a pedra que cobria o poço e abrevia o ganho. Não obstante, o poço na tradição judaica se converte em um elemento mítico, que sintetiza os poços dos patriarcas e o manancial que Moisés abriu na rocha do deserto, o poço onde o Senhor disse a Moisés: "Reúne o povo e lhes darei água" (Nm. 21:16-18) —este é o texto mais comentado na tradição rabínica, além do já citado poço de Jacó (Gn. 29:2-10). É a figura da lei mesma, que já se considerava observada pelos patriarcas e foi mais tarde formulada por Moisés.

Foi junto de um poço que Moisés encontrou as filhas de Batuel; junto de um poço foram preparados os casamentos de Isaac e de Jacó. A narrativa joanina, aliás, apresenta um contato muito claro com a narrativa-protótipo do encontro no poço (Gn. 24): assim que foi pronunciada a última palavra pelo estrangeiro, Rebeca volta para casa correndo e diz aos seus: "Eis de que modo falou aquele homem". A Samaritana procede da mesma maneira (Ex. 2:15-20; Gn. 24:10-28, 29:12).

Do poço da lei brota a água viva da sabedoria. O poço de Jacó em Harã se identifica, por um lado, com o de Moisés no deserto; e, por outro, com Sião, o centro do culto judeu. Daí a menção nos profetas da água viva que havia de sair de Jerusalém (Zc. 14:8) e do Templo (Ez. 47); o poço passa a simbolizar praticamente todas as instituições judaicas, a Lei e o Templo, a sinagoga e seu centro, Jerusalém.

A fadiga de Jesus é resultado da semeadura que está fazendo, do trabalho necessário para que se produza o fruto: "se o grão de trigo que cai na terra não morrer, ele permanecerá só; mas se morrer, produzirá muito fruto" (Jo. 12:24). Semeadura e caminho se identificam. De fato, a obra de Jesus se expressa em João em termos de marchar, caminhar, ir — que é um ir até Deus. Sua vida é um contínuo caminhar; esse é seu caminho e sua fadiga.

Por outro lado, o evangelista assinala que era em torno da hora sexta. É a mesma frase que se emprega no momento em que o condenam à morte (Jo. 19:14). Ali Jesus terá terminado o seu caminho. A hora se aproxima. A atividade de Jesus antecipa a sua hora.

Jesus permanece sentado na fonte. Ele ocupa seu posto. A frase indica a substituição que vai ocorrer, marcada pelo evangelista ao dizer "ficou sentado", em lugar de dizer simplesmente "se sentou". Jesus vai ocupar permanentemente o posto do antigo manancial. De fato, ele vai oferecer uma água que brotará do manancial aberto em sua costela, o verdadeiro manancial, que toma o posto da Lei, da tradição do tempo. Ezequiel anunciava que do tempo futuro correria um manancial de água crescente (Ez. 47), e com esse gesto adianta a identificação — daí que o novo santuário que substitui o de Jerusalém anuncie esse episódio ao fim dos tempos e defina as características do novo culto (Jo. 4:21-24).

Neste versículo, Jesus é descrito em termos bastante humanos: está sentado na borda do poço, cansado da viagem. Também a mulher é bastante humana. Seu aparecimento no poço por volta do meio-dia, muito depois que as mulheres da cidade teriam reabastecido seu suprimento de água, talvez indique sua posição isolada na sociedade local. Sexualmente imoral, ela foi deixada sozinha, com um séquito de homens aduladores. Contudo, é ela quem, repercutindo as palavras de cura de Jesus, torna-se missionária para seu povo. A palavra do Senhor a leva do isolamento à fé, à missão.

Jo. 4:7
Ἔρχεται γυνὴ ἐκ τῆς Σαμαρίας ἀντλῆσαι ὕδωρ. Λέγει αὐτῇ ὁ Ἰησοῦς, δός μοι πεῖν·

Vem uma mulher da Samaria para pegar água. Jesus lhe diz: dá-me de beber;

ἔρχεται — terceira pessoa do singular do presente médio

do indicativo do verbo ἔρχομαι. Como foi dito no comentário do versículo anterior, ela provavelmente estava chegando enquanto Jesus estava sentado.

γυνή — nominativo feminino singular de terceira declinação; paradigma: γυνή, αικός, ἡ; porém, não vem acompanhado de artigo. No grego, o artigo definido marca a definição de uma pessoa. Aqui, trata-se de uma mulher da Samaria, ninguém específico.

δός — segunda pessoa do singular do imperativo aoristo ativo do verbo δίδωμι, que quer dizer "dar". O imperativo é marca de ordem, de súplica. Aqui aparece a súplica de Jesus, de um homem simples que estava cansado da viagem.

A mulher não tem nome próprio, nem se afirma que venha de Sicar. Seu único traço é o pertencimento à região: a mulher samaritana é a representante da Samaria que vai aplacar sua sede na fonte de Jacó, em sua antiga tradição. Jesus está só, seus discípulos tinham ido buscar o que comer. É o encontro do Messias com Samaria, a prostituta, a que tem filhos bastardos (Os. 1:2). Volta o tema do Messias-esposo da perícope anterior (Jo. 3:29), que agora vai buscar a esposa infiel. Serão frequentes neste episódio as alusões a Oseias, o profeta da Samaria ao tempo do reino de Israel, por oposição a Judá.

O encontro começa com uma petição de Jesus: "dá-me de beber". Por ser homem, Jesus sente necessidade, e é, assim, solidário à necessidade de todo homem; pede uma mostra de solidariedade no nível humano mais elementar, que une os homens acima das culturas e das barreiras políticas e religiosas. Com Jesus, a solidariedade é com o homem. É a mostra do amor. Dar água, elemento escasso e, portanto, precioso, era sinal de acolhida e hospitalidade. Ao pedir água, cansado do caminho, Jesus — que chega da Judeia, de onde foi rechaçado —, pede para ser acolhido na Samaria; em troca de hospitalidade, ele dará sua própria água. Voltará a ter sede na cruz, mas ali os seus lhe negarão acolhida, respondendo ao amor com o ódio (Jo. 19:28).

Ao pedir água para beber, Jesus se parece com um homem comum, cuja primeira preocupação é garantir a própria sobrevivência, sobretudo quando cansado pela caminhada. Quando Jesus pede água, ele não o diz em uma formulação clássica "Dá-me um pouco d'água" (segundo a LXX: Gn. 24:17-43; Jz. 4:19), mas utiliza um fraseado mais geral, que, na Bíblia, é encontrado somente por ocasião das murmurações dos hebreus no deserto: segundo a tradição judaica, essa solicitação levara ao dom do Poço-fonte; graças a esse contato literário, o narrador convida a ver Jesus não simplesmente como alguém que assume a humanidade em exigências vitais, mas também Israel, que, no deserto, pediu o que beber.

O diálogo começa pela iniciativa de Jesus, que se dirige à mulher e provoca sua reação. Culminará com a palavra de Jesus: "Sou eu [o Messias] quem te fala (Jo. 4:26).

Jo. 4:8
οἱ γὰρ μαθηταὶ αὐτοῦ ἀπεληλύθεισαν εἰς τὴν πόλιν, ἵνα τροφὰς ἀγοράσωσιν.

os seus discípulos tinham ido à cidade para comprar alimentos.

γὰρ — partícula explicativa que significa " com efeito, de fato, na verdade, pois".

ἀγοράσωσιν — terceira pessoa do plural do aoristo ativo do subjuntivo do verbo ἀγοράζω. No radical encontra-se o substantivo ἀγορά, que significa praça, local onde se situa o mercado; refere-se, provavelmente, a comprar algo em uma área mais urbana, na praça do mercado, por exemplo.

Devido ao cansaço e à ausência de alimentos, os discípulos foram comprar comida. A missão de ter que passar pela Samaria era de Jesus, cujo cansaço já explicamos na análise do versículo 6.

A narrativa mostra a Samaritana como uma pessoa que possui uma história e reações próprias; apesar disso, ela representa o povo dos samaritanos, cuja mentalidade religiosa nela se reflete. Sua ida ao poço do pai Jacó significará que os samaritanos têm sede de alguma coisa. Sede de quê? Por certo, a mulher vai simplesmente buscar água; mas existe nela, de forma latente, uma expectativa mais profunda, como manifestam suas réplicas sobre o lugar do culto e a propósito do Messias, que tudo ensinará. No decorrer do diálogo, Jesus a leva a expressar essa busca. O reconhecimento explícito da fé, no entanto, será feito apenas pelo grupo dos samaritanos ao qual essa mulher pertence.

Naquele momento, Jesus está sozinho com ela; o narrador tem o cuidado de anotar que os discípulos tinham ido à cidade buscar provisões.

Jo. 4:9
Λέγει αὐτῷ ἡ γυνὴ ἡ Σαμαρῖτις πῶς σὺ Ἰουδαῖος ὢν παρ' ἐμοῦ πεῖν αἰτεῖς γυναικὸς Σαμαρῖτις οὔσης; οὐ γὰρ συνχρῶνται Ἰουδαῖοι Σαμαρίταις.

Então a mulher, a samaritana, lhe diz: como tu sendo judeu pedes de beber a mim, uma samaritana? Pois judeus não se relacionam com samaritanos.

πῶς — advérbio: "como?"; seu uso na frase explicita o espanto da Samaritana.

παρ' ἐμοῦ — *παρά* + genitivo, significando proximidade; uma proximidade que era impossível entre um judeu e um samaritano.

γὰρ — partícula explicativa. Aqui, ela é enfática, pois, de fato, judeus não se relacionam com samaritanos. Na língua podemos perceber esta ênfase, esta constatação de um fato.

συνχρῶνται — terceira pessoa do plural do presente médio do indicativo do verbo depoente *συγχράομαι*. A forma é média, mas com sentido ativo, e quer dizer "ter boas relações com alguém", tratar, interagir.

A resposta da mulher reflete a estranheza (como?); ela não pode compreender como um judeu pode pedir de beber a uma mulher samaritana. Jesus, ao fazer um pedido, elimina a superioridade proverbial dos judeus com relação aos samaritanos, e se apresenta simplesmente como um homem, necessitado como todos; se põe em situação de dependência, e reconhece que ela pode oferecer-lhe algo indispensável. Ao colocar-se no nível da necessidade corporal, ele afirma a igualdade, suprime a discriminação e dignifica a mulher, mostra-lhe sua confiança; mas ela ainda não havia vencido a sua reserva.

Com sua réplica imediata, a mulher demonstra que não recusa o diálogo, e até mesmo ultrapassa o serviço solicitado, situando o intercâmbio no plano da relação entre pessoas. No decorrer do diálogo Jesus estabelece, claramente ou não, um encadeamento com o que a mulher disse, conduzindo-a assim a uma progressão no acolhimento à sua revelação.

Sim, Jesus realmente pediu de beber à Samaritana, e pressente-se agora que aquilo de que ele tem sede é da sede dela, do desejo dela pela água viva que somente ele lhe pode dar.

Jo. 4:10
Ἀπεκρίθη Ἰησοῦς καὶ εἶπεν αὐτῇ· εἰ ᾔδεις τὴν δωρεὰν τοῦ θεοῦ, καὶ τίς ἐστιν ὁ λέγων σοι· δός μοιπεῖν, σὺ ἂν ᾔτησας αὐτὸν καὶ ἔδωκεν ἄν σοι ὕδωρ ζῶν.

Respondeu Jesus e lhe disse: se conhecesses a dádiva de Deus e quem é que está falando contigo: dá-me de beber, tu lhe pedirias, e ele te daria a água vivente.

καὶ τίς ἐστιν ὁ λέγων σοι — estilo indireto, graças ao pronome interrogativo *τίς*, que significa "quem?"; aparece, porém, em estilo indireto, daí a inexistência do ponto de interrogação na frase.

ἔδωκεν — terceira pessoa do singular do aoristo ativo do indicativo do verbo *δίδωμι*, dar. É importante ressaltar aqui que está na terceira pessoa do singular, e não na primeira. Jesus está falando de si mesmo, porém na terceira pessoa, e não na primeira. Outra marca do estilo indireto.

Jesus responde de uma maneira indireta, excitando a

curiosidade da mulher. Ele fala de um dom de Deus, de uma água viva que ele é capaz de lhe dar. Pediu-lhe um favor, mas está disposto a retribuir com outro maior do que o que receberá. Propõe-lhe superar a inimizade entabulando uma relação de boa vontade mútua.

Desde o primeiro momento, Jesus se mostra independente da situação existente entre a Samaria e a Judeia. Não reconhece as divisões causadas pelas ideologias, as religiosas em particular, e oferece algo que as supera: o dom de Deus, que não distingue entre uns homens e outros, porque seu amor se dirige à humanidade inteira (Jo. 3:16). O dom de Deus aqui é Jesus: sendo a fonte da vida, é capaz de dar uma água viva, corrente, e a oferece à Samaritana. Jesus está livre de todo pré-juízo, pré-julgamento; para ele existe somente a relação interpessoal, manifestada em dar e receber. Mas ela não conhece o dom de Deus. Em Oseias aparece com frequência o tema do conhecimento (Os. 4:1).

Jo. 4:11
Λέγει αὐτῷ ἡ γυνή· κύριε, οὔτε ἄντλημα ἔχεις καὶ τὸ φρέαρ ἐστὶν βαθύ· πόθεν ἔχεις τὸ ὕδωρ τὸ ζῶν;

Diz a ele [a mulher]: Senhor, nem [sequer] tens um balde e o poço é fundo; de onde então tens a água vivente?

κύριε — vocativo masculino singular; paradigma: *κύριος, ου, ὁ*; ao chamar Jesus de senhor, ela está denotando aqui simplesmente respeito à sua pessoa.

ἔχεις — segunda pessoa do singular do presente ativo do indicativo do verbo *ἔχω*. Como dissemos anteriormente, acerca do aspecto durativo do presente, é como se a Samaritana dissesse a Jesus: "Senhor, não tens nem um único balde, para pegar a água deste poço,[5] como poderás beber desta outra água"?

τὸ φρέαρ — nominativo neutro singular; paradigma:

---

5   Trataremos deste assunto no tópico "hermenêutica filosófica".

φρέαρ, φρέατος, τό. Aqui o autor já não usa mais a palavra fonte, mas sim, poço.

πόθεν — advérbio, aqui de lugar: de onde, de que lugar vem essa água que a Samaritana desconhece? Ela não conhece o local onde tem esta água.[6]

τὸ ζῶν — particípio presente que se encontra no acusativo neutro singular; paradigma: ζάω, que por sua vez é contração de ζῶ, que quer dizer viver, viver naturalmente. O particípio presente apresenta o caráter verbal durativo. No português, sua conjugação caiu em desuso, mas permaneceu como sufixo em alguns nomes: "nte". Por este motivo, traduzimos por "vivente". Água "vivente" quer dizer que ela está vivendo, ainda está se doando como vida. Com esta tradução pretendemos não torná-la algo meramente material, concreto.[7]

A mulher fica impressionada com a frase enigmática de Jesus; o chama respeitosamente de "Senhor" e mostra sua estranheza em relação ao oferecimento. Ela conhece apenas a água daquele poço, e vê que Jesus não tem os utensílios necessários para extraí-la de lá. Pergunta então de onde poderia trazer procurar a água viva que promete.

A estranheza da mulher está em paralelo com a de Nicodemos: em um e em outro caso se trata da água-espírito, e nem a mulher nem Nicodemos concebiam esse nascimento em termos de esforço próprio, concluindo que era impossível. Tinham sido educados na Lei e não estavam acostumados à ideia de gratuidade, nem conheciam o amor de Deus.

A Samaritana continua a admirar-se; ela ainda não compreende o que Jesus quer lhe transmitir. A despeito do nível em que é pronunciada, sua pergunta "De onde vem, essa água viva?" deixa isso claro. A interrogação "de onde?" aparece com frequência no QE relacionada ao próprio mistério de Jesus (Jo. 7:28, 8:14 & 19:9). Por isso Isaías diz: "Vós todos que tendes sede, vinde à água" (Is. 55:1).

---

6 Ver o tópico das mulheres, no que diz respeito aos serviços domésticos diários.
7 Como na nota 3.

Jo. 4:12

Μὴ σὺ μείζων εἶ τοῦ πατρὸς ἡμῶν Ἰακώβ, ὃς ἔδωκεν ἡμῖν τὸ φρέαρ, καὶ αὐτὸς ἐξ αὐτοῦ ἔπιεν καὶ οἱ υἱοὶ αὐτοῦ καὶ τὰ θρέμματα αὐτοῦ;

Mas tu és maior do que nosso pai Jacó, que nos deu o poço e ele (próprio) bebia dele e os seus filhos e o seu rebanho?

μὴ — partícula negativa (não). A língua grega possui duas partículas negativas, *μὴ* e *οὐ*. *Οὐ* é uma negação objetiva; quando utilizo a partícula *οὐ* já estou certa da negação. A partícula *μὴ*, porém, espera por uma negação; não afirma, antes interroga. Sendo assim, a Samaritana não está completamente certa da negação, pois se assim fosse, o autor teria utilizado a partícula *οὐ*.

μείζων — comparativo no nominativo masculino singular; paradigma: *μέγας, μεγάλη, μέγα*; "mega", grande, largo. Tu és maior, se comparado ao nosso pai Jacó, que nos deu este poço?

ἡμῖν — pronome pessoal no dativo plural; primeira pessoa do plural (a nós); paradigma: *ἐγώ*. Jacó havia dado o poço *a eles*, e não a outros. O pronome pessoal está aí determinando a quem Jacó havia dado o poço: além de ter dado a seu filho José, simbolicamente havia dado ao povo samaritano.

ἐξ αὐτοῦ — preposição seguida de genitivo; paradigma: *ἐκ*. Esta preposição com genitivo quer dizer "fora de", significa "extrair, ir para fora, sair"; marca o esforço para *ex*trair a água do poço.

αὐτοῦ — pronome pessoal no genitivo neutro singular; paradigma: *αὐτός*. Quer dizer, "próprio, mesmo", ou seja, o próprio Jacó bebeu do poço, extraiu a água.

A mulher faz uma pergunta que, mesmo plena de ceticismo, deixa em aberto uma possibilidade. Por trás daquele poço havia todo o prestígio de Jacó, o antecessor glorioso, de quem os samaritanos se consideravam descendentes: o poço havia sido doado por Jacó a seus filhos e à descendência dos samaritanos; era um vínculo de unidade étnica e religiosa.

O povo simbolizava a Lei, sintetizava as figuras dos patriarcas e a de Moisés, o legislador. Assim, a mulher conhece o dom de Jacó, mas desconhece o de Deus, a quem considerou um rival de Jacó pretendendo fazer-se superior ao patriarca.

Por outro lado, se o próprio Jacó extraiu a água de seu poço, todos podemos fazê-lo igualmente, com o nosso próprio esforço. Mas **é** outra a água que Jesus oferece, ela é dada, e não extraída por esforço e conquista. Aqui está implícita a noção de gratuidade, de doação, de dom.

Jo. 4:13
Ἀπεκρίθη Ἰησοῦς καὶ εἶπεν αὐτῇ· πᾶς ὁ πίνων ἐκ τοῦ ὕδατος τούτου διψήσει πάλιν·

Respondeu Jesus e lhe disse: todo aquele que bebe dessa água terá sede novamente;

πάλιν — advérbio que quer dizer "novamente, de novo". Quem beber da água do poço terá que beber dela uma vez, e mais outra vez e assim sucessivamente. O advérbio sempre acompanha o verbo, daí o termo *ad-verbo*, junto do verbo. Logo, todo beber está acompanhado do "novamente", e assim sucessivamente.

Em resposta, Jesus mostra a insuficiência da doação feita por Jacó, demonstra a sua pobreza: deu aos seus uma água que nunca mitiga definitivamente a sede. Transparece aqui a recusa da sabedoria baseada na Lei, tal como se expressa em Eclesiástico (Eclo. 24:21-13). Jesus oferece a todos sua água (Is. 55:1). Não se trata do esforço de adquirir uma sabedoria interior ou se autoaperfeiçoar aos poucos, segundo a lei, mas da tarefa de amar os outros.

Jo. 4:14
Ὃς δ' ἂν πίῃ ἐκ τοῦ ὕδατος οὗ ἐγὼ δώσω αὐτῷ, οὐ μὴ

διψήσει εἰς τὸν αἰῶνα, ἀλλὰ τὸ ὕδωρ ὃ ἐγὼδώσω αὐτῷ γενήσεται ἐν αὐτῷ πηγὴ ὕδατος ἁλλομένου εἰς ζωὴν αἰώνιον.
Mas aquele que beber da água que eu lhe darei, nunca mais terá sede para a eternidade, mas a água que lhe darei tornar-se-á nele uma fonte de água jorrando para a vida eterna.

 ἐγὼ δώσω — pronome pessoal (eu) que nem sempre vem acompanhado do verbo, posto que a desinência modo pessoal do verbo já diz qual a pessoa que o verbo está se remetendo. Aqui, a presença do pronome é para destacar que é Jesus quem dará a água vivente (que está vivendo).
 δώσω — primeira pessoa do singular do futuro ativo do indicativo do verbo *δίδωμι*. O futuro também apresenta o aspecto verbal durativo por conta do presente desiderativo. Como no grego, o que importa é o aspecto do verbo, e não a cronologia temporal. Aqui podemos depreender que Jesus já está oferecendo, dando (no momento em que conversa com a Samaritana), e continuará dando (futuro) a água vivente (que está vivendo, que está se doando). Outrossim, como o indicativo é o modo do real, isto significa que Jesus está realmente dando esta água vivente.
 οὐ μὴ — as duas partículas negativas juntas reforçando a negação. Traduzimos por nunca mais, mais significando duas vezes não, não mesmo.
 εἰς — preposição que marca direção: para, em direção a. Esta preposição pode ser final, consecutiva ou modal; neste caso, é consecutiva, dando vida definitiva.
 αἰώνιον — adjetivo triforme no acusativo feminino; paradigma: *αἰώνιος, ια, ιον*. Faz-se mister ressaltar que o adjetivo vem junto do substantivo e a ele se remete, qualifica. A propriedade qualificada pelo adjetivo não é intrínseca ao substantivo, mas lhe é acrescida pelo adjetivo. Assim sendo, a vida não é eterna em si mesma, mas apenas e tão somente pela qualidade eterna que lhe é atribuída por aquele que lhe atribui esta qualidade (*ἐγὼ δώσω*).

Somente uma água perene e sempre disponível pode aplacar a sede do homem, e é esta que Jesus promete. O espírito que ele comunica converte cada homem em uma fonte que brota continuamente, e que, portanto, continuamente lhe dá vida e fecundidade. Assim desenvolve cada um em sua dimensão pessoal. O espírito é pessoal; já a Lei é impessoal, e despersonaliza.

O espírito é uma fonte interna, e não externa, como o poço de Jacó. O homem deve receber vida em sua própria raiz, no mais profundo do seu Ser, não por acomodar-se a normas externas. É um dom permanente, que faz nascer uma vida nova e a mantém; ele abre o horizonte do reino de Deus. Sua força é a garantia de plenitude da vida.

Com Jesus não haverá uma água/ lei exterior que acompanhe o povo, mas uma fonte interna de vida que guiará o indivíduo. Como Jesus dá a todos a mesma água, ele cria uma unidade consigo e entre todos, fecundando a terra e produzindo um fruto diversificado.

Não basta adquirir uma sabedoria, o homem necessita de uma nova forma de vida, uma força e fecundidade interior de que carece. Quando a receber, estará completo, terá o nível que lhe corresponde segundo o projeto criador de Deus.

Temos a tendência de beber um copo d'água e continuarmos o nosso caminho, mas aqui o que está em jogo é a eternidade: é necessário beber exatamente onde nós transformamos a nós-mesmos em fontes perpétuas, das quais os outros poderão se beneficiar. É um apelo à mediação, uma curiosa metáfora da água e da vida que Jesus desenvolve. O que poderia a Samaritana compreender disso que é a vida?

Jo. 4:15
Λέγει πρὸς αὐτὸν ἡ γυνή· κύριε, δός μοι τοῦτο τὸ ὕδωρ, ἵνα μὴ διψῶ μηδὲ διέρχωμαι ἐνθάδε ἀντλεῖν.
A mulher lhe diz: senhor, dá-me desta água, para que eu não tenha sede nem venha aqui pegar água.

πρὸς — preposição + acusativo; significa: para, com um sentido temporal.

κύριε — vocativo masculino singular; paradigma: κύριος, ου, ὁ`. Ao chamá-lo de senhor, ela reconhece nele um mestre. Trata-se nestes versículos da primeira forma em que ela reconhece a grandeza de Jesus, e aqui, especificamente, como *mestre*. Há um paralelo com a literatura sapiencial; ela ainda o reconhecerá como profeta (Jo. 19) e depois, como Messias (Jo. 29).

τοῦτο τὸ — pronome demonstrativo que aparece no neutro singular; paradigma: οὗτος, αὕτη, τοῦτο. Como o pronome vem acompanhado pelo artigo que determina o substantivo "água", ele está enfatizando, dando destaque a esta água especificamente, e não outra.

ἵνα — conjunção final: para que, a fim de que; visa, portanto, uma consecução. A Samaritana deseja a água motivada pelo utilitarismo,[8] objetivando uma consequência benéfica para ela; ela quer um benefício.

Com sua promessa de vida, Jesus despertou os sonhos da mulher, que se declara disposta a abandonar para sempre o poço da Lei e da tradição, que representa a sua história, mas fala em acalmar seus desejos. Sua reação é oposta à de Nicodemos. Ela rompe com seu passado, quer nascer de novo. Tem fé, crê que é possível e espera isso de Jesus. Nicodemos, como fariseu e chefe, não pode reconhecer a insuficiência da Lei como faz a samaritana desprezada — ela sabe o trabalho que demanda e a insatisfação que resulta, está cansada de vir a um poço que não acalma a sede. Vê o valor da vida e a deseja, deixa-se iluminar pela luz que brilha em Jesus.

Tal é a sabedoria que permite viver de acordo com a vontade divina. O texto joanino convida a ver na água viva prometida por Jesus uma revelação superior à revelação feita aos pais, e é exatamente isso que a Samaritana sugere no fim do

---

[8] Utilitarismo é a teoria normativa, em ética, que visa à utilidade final de uma ação, geralmente um benefício (individual) ou um bem (benefício coletivo). Enquanto ela está desejando um benefício hedonista e, portanto, pessoal, Jesus quer lhe dar o bem, que servirá a ela e a todos os seres humanos.

diálogo, quando diz que "o Messias nos revelará todas as coisas" (Jo. 4:25).

Tendo ouvido a promessa anunciada por Jesus com autoridade soberana, a Samaritana passa do espanto para o desejo; percebe que o anúncio diz respeito a ela pessoalmente, e de perto. Sua resposta revela que ela acredita no poder de Jesus, assim como, de acordo com a tradição ancestral, havia reconhecido dever a Jacó a água necessária à vida cotidiana. Jesus suscitou na Samaritana uma expectativa que a faz voltar-se para ele como sendo o único que pode atendê-la.

Jo. 4:16
Λέγει αὐτῇ· ὕπαγε φώνησον τὸν ἄνδρα σου καὶ ἐλθὲ ἐνθάδε.
Diz a ela: vai, chama teu marido e vem aqui.

Λέγει — terceira pessoa presente do singular do presente ativo do indicativo. Trata-se do presente histórico, embora, acompanhando o sentido temporal, a maioria das traduções o coloque no passado. Traduzimos no presente para destacar que Jesus continua chamando os "samaritanos", isto é, aqueles que no sentido simbólico se tornaram sincréticos e adoraram a outros deuses, sejam eles quais forem.

ὕπαγε — segunda pessoa do singular do presente ativo do imperativo do verbo ὑπάγω, que quer dizer "retirar-se pouco a pouco". O autor poderia ter usado o verbo ἔρχομαι, que quer dizer "ir", "vir", e de uso muito frequente no NT; mas preferiu fazer uso de ὑπάγω, que tem esse sentido de sair lentamente. Isso, porque já estava implícito que ela não sairia, ela não iria embora naquele momento, o que me parece um dos indícios da riqueza literária do Evangelho de João.

φώνησον — segunda pessoa do singular do imperativo aoristo do verbo contrato φωνέω, que quer dizer "chamar, produzir um som". O autor faz uso de um duplo imperativo.

ἐλθὲ — segunda pessoa do singular do presente ativo

do imperativo do verbo ἔρχομαι. São três imperativos em uma única frase. Como já dissemos anteriormente, o imperativo é o modo da **sú**plica ou da ordem, e aqui aparece como um comando dado por Jesus.

Jesus não quer mostrar um poder de adivinhação para fazer com que ela compreenda que ele não é um homem qualquer; tampouco fala para lhe dar uma lição de moralismo. Esta parte do diálogo passa a fazer sentido a partir do profetismo, em especial o de Oseias.

Jesus incitaria a mulher a invocar (chamar) o senhor IHWH, seu verdadeiro Deus, e a confessar que ela não o tem, pois a despeito da fé ancestral, cedeu aos cultos estrangeiros. Sua resposta implicaria que ela está consciente de seu desvio com relação ao Deus único. O itinerário por ela percorrido representaria a história religiosa dos samaritanos.

Jesus quer que ela descubra a verdadeira causa de sua sede, para que possa romper com o passado e viver um novo presente: "Vai chamar o teu marido[9] e volta aqui". Diante do pedido da mulher, Jesus a convida a tomar consciência de que seu culto está prostituído.

Jesus muda de tema bruscamente, uma mudança que permanece incompreensível no plano puramente histórico. Podemos pensar que o pecado cobre os olhos, e que a Samaritana, que vive em pecado, não pode ter acesso à água viva; é exatamente o que Jesus quer que ela compreenda. Por outro lado, a rudeza de Jesus deixa-nos espantados. Apesar de tudo, a Samaritana é uma pessoa que reconhece suas atitudes, se responsabiliza por elas; e eis que o diálogo se aprofunda repentinamente, e entra em cena a teologia do casamento. Se a Samaritana fosse casada, poderia com o seu marido constituir uma igreja; esta água viva que ela pede seria dada ao casal, e não somente a ela.

---

[9] Aqui a palavra *Baal*, marido, senhor, tem uma conotação religiosa, representa a busca de segurança oposta ao desígnio de Deus.

Jo. 4:17
Ἀπεκρίθη ἡ γυνὴ καὶ εἶπεν· ἄνδρα οὐκ ἔχω. Λέγει αὐτῇ ὁ Ἰησοῦς· καλῶς εἶπες ὅτι ἄνδρα οὐκ ἔχω·
Respondeu a mulher e disse-lhe: não tenho marido. Jesus lhe diz: falaste bem que "não tenho marido";

ὅτι ἄνδρα οὐκ ἔχω estilo direto: "que marido não tenho".
ὅτι — conjunção que inicia uma oração integrante substantiva: que, pelo fato de que. É importante ressaltar que, na resposta, Jesus muda a ordem das palavras da mulher, e volta a fazer isso no versículo seguinte.

Mediante o desvio inesperado, o diálogo se orienta numa nova direção, que vai de encontro à expectativa implícita da Samaritana. Pelo fato de Jesus ter-lhe desvendado seu comportamento repreensível, a mulher vê nele um profeta, e eis que ela lhe apresenta um problema religioso, que é de ordem geral, e ao qual Jesus responde. Sob esse encadeamento, que pode causar admiração, nos esforçaremos por manifestar a coerência que uma leitura simbólica faz aparecer, e acompanharemos as três etapas desta parte do diálogo.

Ao dizer "não tenho marido", a mulher demonstra vergonha da situação na qual se encontra. É clara a alusão a uma outra passagem (2Rs. 17:24-41): queriam cultuar ao Deus dos judeus, mas acabaram por destruí-lo. Deus, no entanto, não se deixou destruir, como mostra esta outra passagem: "Vou seduzi-la levando-a ao deserto e lhe falando ao coração" (Os. 2:16). Por meio de Jesus, Deus lhe oferece seu dom.

Foi Jesus quem começou o diálogo com a Samaritana. Ele personifica a atitude do Deus que busca.

A arte do autor literário consiste com frequência em evocar situações reais (aqui, a conduta sexual da mulher), cuja profundidade escapa ao olhar pouco arguto. Não é o caso, portanto, de se optar entre o sentido literal e o alegórico: trata-se de um texto simbólico que diz respeito à infidelidade religiosa dos samaritanos, da qual o desregramento sexual da mulher fornece uma expressão adequada à linguagem bíblica. Se Jesus pôde declarar que "o [marido] que tens não é o teu marido", é porque os samaritanos não mantiveram uma relação exclusiva com Deus; sim, a Samaritana não tem marido, ela não tem o verdadeiro Deus.

Jo. 4:18
πέντε γὰρ ἄνδρας ἔσχες, καὶ νῦν ὃν ἔχεις οὐκ ἔστιν σου ἀνήρ· τοῦτο ἀληθὲς εἴρηκας.
pois tiveste cinco maridos e agora o que tens não é teu marido; nisto disseste a verdade.

ἀληθὲς — adjetivo biforme, que se encontra no acusativo neutro singular; paradigma: ἀληθής, ές. Como dissemos anteriormente acerca do adjetivo (v. 14), o que a Samaritana disse não é a verdade propriamente dita, mas algo verdadeiro acerca da questão do marido. Aqui, o adjetivo está em função substantiva porque é um predicado cujo verbo não é o auxiliar "ser".
εἴρηκας — segunda pessoa do singular do perfeito ativo do indicativo do verbo λέγω, "dizer". Como o verbo está no tempo perfeito, cujo aspecto verbal é o da ação conclusa, esta passagem demarca que ela disse algo verdadeiro, que está dito e acabado. Não há nada mais para ser dito.
Certos estudiosos veem aqui tão-somente uma alegoria em relação aos cinco deuses introduzidos na Samaria depois da conquista da Assíria em 722 a.C. Pelo fato de o diálogo entre Jesus e a Samaritana ocorrer junto do poço, alguns autores viram aí a transposição do encontro de Jacó e Raquel. Sob esta perspectiva, Jesus se apresenta à Samaritana como aquele que, substituindo seus "maridos" anteriores, é o seu verdadeiro Senhor, que ela reconhecerá quando nele vir o Messias. Em outras palavras, Jesus se tornaria o Senhor dos samaritanos, substituindo seus deuses.
Em Oseias, a prostituta (Os. 1:2) e a adúltera (Os. 3:1) são símbolos do reino de Israel, que tinha Samaria por capital; sua prostituição e adultério consistiam em ter abandonado o

verdadeiro Deus (Os. 2:4-7, 9:15 & 3:1). A origem da idolatria dos samaritanos é narrada na passagem (2Rs. 17:24-41) em que são mencionadas cinco estátuas de deuses: Sucot-Benot, deus do povo da Babilônia; Nergel, deus de Cuta; Asima, deus de Emat; Nebaaz, deus de Ava; e Adramelec e Anamelec, deuses de Sefarvaim.

Jo. 4:19
Λέγει αὐτῷ ἡ γυνή· κύριε, θεωρῶ ὅτι προφήτης εἶ σύ.
A mulher lhe diz: Senhor, eu vejo que tu és um profeta.

θεωρῶ — primeira pessoa do singular do presente ativo do indicativo do verbo contrato θεωρέω. A língua grega tinha três verbos que podemos traduzir por "ver": βλέπω (ver material); ὁράω (ver atento, ver mental); e θεωρέω, que é um ver contemplativo. O "ver" aqui é um ver que associa o exercício da observação (concreto) ao exercício da inteligência (abstrato): trata-se de uma conclusão, um ver que é resultante do exame e do reexame da inteligência.

Aqui, a Samaritana reconhece Jesus como um profeta, e espera que ele lhe diga como remediar o adultério que a separa de Deus. Para ela, o encontro com o Deus verdadeiro depende do culto; então, ela quer saber qual é o culto verdadeiro e qual é o falso, mostra insegurança, não sabe se sua tradição é legítima.

Jeroboão havia sido a causa do primeiro cisma, quando proibiu que os samaritanos peregrinassem em direção ao Templo de Jerusalém e erigissem seus próprios altares (1Rs. 12:25-33). O cisma se tornou definitivo quando, no tempo de Esdras, houve a proibição de os samaritanos participarem da reconstrução do Templo de Jerusalém (Esd. 4:1-3), o que os levou a construir um templo em Garizim.

A mulher volta a apelar para seus antepassados, que construíram seu próprio templo, rival do Templo de Jerusalém, único legítimo. O profeta deve resolver a questão. Ela o reconhece como profeta, não aquele anunciado para o fim dos tempos (Dt. 18:15), mas um Ser inspirado por Deus, ao qual ela pode submeter uma questão religiosa que a preocupa e a seus compatriotas. A mulher está por assim dizer obcecada por uma busca espiritual, que o diálogo com Jesus a faz explicar. Sua pergunta diz respeito ao lugar de peregrinação onde se pode encontrar Deus. A revelação é geralmente associada a lugares privilegiados, já que os patriarcas haviam sacralizado com altares os locais onde o Senhor lhes aparecera, tal como fizera Jacó em Betel ou em Siquém (Gn. 28:10-22, 33:18-20 & 35:1-15).

Jo. 4:20
Οἱ πατέρες ἡμῶν ἐν τῷ ὄρει τούτῳ προσεκύνησαν· καὶ ὑμεῖς λέγετε ὅτι ἐν Ἱεροσολύμοις ἐστὶν ὁ τόπος ὅπου προσκυνεῖν δεῖ.

Os nossos pais adoraram nesta montanha; mas vós dizeis "em Jerusalém está o lugar onde é necessário adorar".

προσεκύνησαν — terceira pessoa do plural do aoristo ativo do indicativo do verbo προσκυνέω; o verbo é composto de προς + κυνέω — προς, que significa aqui "com reverência", "em vista de"; e o verbo κυνέω, que quer dizer "beijar". Trata-se, portanto, de um ajoelhar-se até beijar o chão, de um prostrar-se para reverenciar. Comumente, traduzimos por adorar.

καὶ. — partícula; aqui ela é adversativa: mas; por outro lado; porém; contudo; todavia.

ὁ τόπος — nominativo masculino singular de segunda declinação; paradigma: τόπος, ου, ὁ, aqui acompanhado do artigo definido. Sendo assim, Jerusalém é "o" lugar onde é preciso adorar.

A mulher samaritana reflete o pensamento de seu meio, não apenas no que diz respeito à questão dos dois templos, mas também quanto ao elo implícito que ela estabelece entre o adorar a Deus e a questão da vinda do "Messias".

Diante da Samaritana, Jesus conserva para os judeus o privilégio de serem os autênticos depositários da revelação através da qual Deus se comunica ao mundo; e enfatiza essa afirmação declarando, magnificamente: "Pois a salvação vem dos judeus".

Em que sentido a salvação provém dos judeus? A resposta é clara. Segundo a fé ancestral, que é também a do judeu Jesus, foi o Deus único e "Totalmente Outro" quem elegeu esse povo para que fosse sua testemunha perante as nações; foi com os hebreus que ele firmou a aliança à qual toda a humanidade é convidada. O povo judeu permanece para sempre como primeiro portador do desígnio salvífico de Deus; e suas Escrituras, graças à sua dimensão apocalíptica, sinalizam um futuro que os cristãos guardam consigo. Nesta frase joanina pode-se ler a afirmação de que Jesus, o Salvador, é originário do povo judeu; mas é importante não restringir o alcance de sua palavra a este fato.

Jo. 4:21
Λέγει αὐτῇ ὁ Ἰησοῦς· πίστευέ μοι, γύναι, ὅτι ἔρχεται ὥρα ὅτε οὔτε ἐν τῷ ὄρει τούτῳ οὔτε ἐν Ἱεροσολύμοις προσκυνήσετε τῷ πατρί.

Jesus lhe diz: crê em mim, mulher, "vem a hora quando nem nesta montanha nem em Jerusalém adorareis o pai".

ἔρχεται —terceira pessoa do singular do presente médio do indicativo do verbo *ἔρχομαι*, que quer dizer ir e vir. Como está no presente, e o aspecto é, portanto, durativo, isso quer dizer que está chegando a hora.

Jesus expõe a novidade em toda sua pureza e clareza, negando o pressuposto da mulher. Não se trata de eleger aqui entre duas possibilidades históricas (culto samaritano ou culto judeu); Jesus fala de uma mudança radical: terminou a época dos templos, e o culto a Deus não terá um lugar privilegiado. A alternativa é o próprio Jesus, lugar da comunicação com Deus e novo santuário que faz brotar a água do Espírito (Jo. 7:37-39, 19:34).

Além disso, Deus adquire um novo nome, "Pai", que estabelece entre Deus e o homem um vínculo familiar e pessoal, transformando o caráter do culto, que passa a ser pessoal, no marco da relação entre Pai e filho. O Deus da Lei criou desigualdade, discriminação, inimizade entre os povos irmãos. O Deus Pai dá vida e ama os homens, faz cair barreiras, porque não dá Seu filho a um só povo privilegiado, mas à humanidade inteira (Jo. 3:16), Ele é o meio-dia, a luz plena. Esta paternidade sem intermediários tornará possível a união de todos; Samaria não terá que suportar a humilhação de uma volta ao judaísmo, tendo que reconhecer a superioridade do inimigo e submetendo-se a seu culto e sua Lei. A paternidade de Deus faz desaparecer os particularismos.

Jo. 4:22
Ὑμεῖς προσκυνεῖτε ὃ οὐκ οἴδατε, ἡμεῖς προσκυνοῦμεν ὃ οἴδαμεν, ὅτι ἡ σωτηρία ἐκ τῶν Ἰουδαίων ἐστίν·

Vós adorais o que não conheceis; nós adoramos o que conhecemos, que a salvação provém dos judeus.

ὅτι — conjunção causal (que), ou seja, dá início à oração que explica, dá a causa do que foi apresentado e ficou em aberto na oração anterior. Neste sentido, podemos perguntar: O que conhecemos? Resposta: Que a salvação vem dos judeus.

"O que não conheceis" alude à denúncia de Jesus quanto à idolatria dos samaritanos (Dt. 13:7). A salvação que "provém dos judeus" é o próprio Jesus, enquanto Messias (Jo. 4:26); e seu reino será universal, pois ele não morrerá somente pela nação, mas para reunir todos os filhos dispersos de Deus — esta universalidade do Salvador será reconhecida pelos samaritanos.

A ignorância dos samaritanos tem como objeto aquilo que eles agora adoram —observemos a sutileza com que o objeto de adoração é designado por um neutro "o que". Visto como sua adoração vindoura será a do "Pai", o que parece estar em causa aqui é a paternidade de Deus, ou ainda o conhecimento profundo de Deus.

A paternidade de Deus é amplamente afirmada nas Escrituras, das quais os samaritanos possuem apenas o Pentateuco; não são esclarecidos pelo conjunto da revelação de Deus a Israel. No Pentateuco, a apelação "pai" para designar Deus aparece, sem dúvida, mas sob uma perspectiva coletiva e histórica da proteção divina, que o povo experimentou particularmente por ocasião da saída do Egito. Há de ser com os profetas, os salmistas e os sábios que a designação "Pai" implicará a imensa ternura de IHWH, seu perdão sempre renovado, o apelo para entrar em sua glória; então, a noção correta de "filho de Deus" será aplicada a cada justo, e não mais apenas ao rei.

Jo. 4:23
Ἀλλὰ ἔρχεται ὥρα καὶ νῦν ἐστιν, ὅτε οἱ ἀληθινοὶ προσκυνηταὶ προσκυνήσουσιν τῷ πατρὶ ἐν πνεύματι καὶ ἀληθείᾳ· καὶ γὰρ ὁ πατὴρ τοιούτους ζητεῖ τοὺς προσκυνοῦντας αὐτόν.

Mas vem a hora, e é agora que os verdadeiros adoradores adoraram o Pai em Espírito e Verdade; pois tais são os adoradores que o Pai procura.

νῦν — advérbio de tempo: agora, exatamente agora. Este advérbio assinala que a hora já está sucedendo, já tem vigência.

οἱ ἀληθινοὶ προσκυνηταὶ — os adoradores verdadeiros; um adjetivo em função nominal, e por isso qualifica ao mesmo tempo o sujeito e o objeto da ação. Ao traduzir por "adoradores", deixamos de lado o adjetivo "verdadeiro", que só é resgatado na língua grega.

προσκυνηταὶ — nominativo masculino plural de segunda declinação; paradigma: προσκυνητής, οῦ, ὁ.

João antecipa em seu relato os efeitos da morte de Jesus, de sua hora. O verdadeiro culto a Deus irá suprimir o culto samaritano e também o judeu, para substituí-los por um culto novo, realizado não mais em função de um Deus longínquo, mas em relação a um Deus que é Pai, e que se une ao Homem por uma relação pessoal que se realizará com espírito e lealdade. O Espírito é o amor que se expressa em termos de benevolência desinteressada e generosa; o espírito expressa o mesmo amor em termos de força, vida e ação. O culto em Espírito e Verdade é, pois, a prática do amor fiel ao homem. Antes de ser chamamento, Jesus foi para a Samaritana a oportunidade de exercitar esse amor.

    O Pai procura, o que significa desejo, seu interesse na busca dessa classe de culto. Esta urgência é a do seu amor; o Pai anseia pelo bem do ser humano.

    Com ele vem a hora na qual o culto deixa de depender de um local determinado, por mais venerável que seja. Neste ponto, Jesus permanece na linha reta da tradição profética; esta anuncia que, por ocasião do advento do Messias, "o conhecimento do Senhor encherá a terra tal como as águas cobrem o mar" (Is. 11:9).

    O diálogo com a Samaritana (Jo. 4:19-24) cristaliza a identificação entre o corpo de Jesus e o novo templo. Em resposta à pergunta da Samaritana, Jesus transcende a dicotomia — se deveríamos adorar a Deus em Garizim ou em Jerusalém —, sugerindo a aceitabilidade da adoração de Deus não em um local físico contingente, mas em espírito e verdade.

    Como o templo samaritano havia sido destruído 150 anos antes do diálogo de Jesus com a mulher samaritana, o Templo de Jerusalém não representava um padrão permanente de adoração a Deus. É possível que uma adoração significativa fosse realizada pelos discípulos expulsos da sinagoga (Jo. 9:22).

    A ideia de adorar em espírito e verdade é superior à de adorar em locais físicos, pelas seguintes razões: primeiramente, tal adoração espiritual é proporcional à natureza de Deus, que é espírito; em segundo lugar, está em harmonia com a fé, requisito para se fazer parte do povo de Deus, que transcende o pertencimento a um grupo étnico específico; em terceiro, tal adoração apresenta Jesus como "a verdade", e está baseada na revelação definitiva do Pai. Tal adoração é parte do discipulado desejado por Jesus, discípulos envolvidos em seu ensinamento, que resulta na liberação pela verdade; e em quarto, e último, parece-nos estar em conexão implícita com o adorar do "Espírito da verdade" (Jo. 14:17, 15:26 & 16:12) que os discípulos de Jesus receberam.

Jo. 4:24
Πνεῦμα ὁ θεός, καὶ τοὺς προσκυνοῦντας ἐν πνεύματι καὶ ἀληθείᾳ προσκυνεῖν δεῖ.
Deus é espírito, e para os que o adoram, é necessário adorar em espírito e verdade.

Πνεῦμα + *πνεύματι* — substantivo neutro de terceira declinação; paradigma: *πνεῦμα, ατος, τό*; aparece primeiramente no nominativo singular e depois no dativo singular. Este substantivo provém do verbo contrato *πνέω*, que quer dizer "soprar" — o verbo já aparecia neste sentido em Homero e Ésquilo (Chantraine, 1999, p. 920).

δεῖ — terceira pessoa do singular do presente ativo do indicativo do verbo impessoal *δεῖ*; novamente este verbo impessoal aparece para destacar o que é necessário, o que é preciso, aqui para destacar o que os verdadeiros adoradores devem fazer em espírito e verdade.

Jesus define o próprio Deus como Espírito, isto é, um dinamismo de amor que se expressou na criação do homem e segue atuando até levá-lo a seu termo, daí seu nome de Pai, "o que por amor comunica sua própria vida". Esse amor é a sua glória, a glória que preenche o santuário — que é Jesus, o projeto feito homem.

A afirmação de João de que Deus é Espírito, definido como o dinamismo do amor, faz compreender os efeitos da água viva que Jesus dá de beber e que aplaca a sede do homem. A água é essa experiência constante do amor do Pai através de

Jesus, vivida por cada ser humano, e que produz nele a capacidade de amar generosamente do mesmo modo que se sente amado pelo Pai. Desta feita, o homem se transforma em Espírito (Jo. 3:6), semelhante ao próprio Deus (Jo. 1:16). Sendo o amor o fio condutor do desenvolvimento e da personalização do homem, sua atividade irá realizando nele o projeto criador, levando a uma crescente semelhança com o Pai.

O culto a Deus deixa de ser vertical, pois está presente no homem através do Espírito; o Pai e Jesus são companheiros de vida daquele que pratica o amor. A relação com Deus é uma sintonia que impulsiona a uma semelhança cada vez maior, e leva o homem a amar até uma entrega total. Este é o único culto que o Pai busca, e que, portanto, aceita: o prolongamento do dinamismo do amor que é Ele mesmo e que Ele comunica.

O culto antigo exigia do homem uma renúncia aos bens exteriores (sacrifícios). Era uma humilhação do homem, uma diminuição diante de um Deus soberano. O novo culto não humilha o homem, ao contrário, o eleva, tornando-o cada vez mais semelhante ao Pai. O antigo culto sublinhava a distância; o novo tende a suprimi-la, graças à iniciativa do próprio Deus no sentido de que o Homem saia de sua situação de opressão e morte. Deus não quer cultos realizados como no caso da antiga aliança; Ele não espera dons, senão o fato de que busca se comunicar. Sua glória é expansiva; não é centrípeta, e consiste em dar vida empregando a atividade de seu amor; os que participam dessa glória a difundem no mundo.

O termo "espírito" não se refere ao aspecto espiritual do homem, no sentido de interioridade, de intimidade do coração. Não tem uma disposição subjetiva, mas sim a presença do Espírito que regenerou o fiel: Jesus, em quem o Espírito habita, anuncia adoradores nascidos do espírito.

Quanto à verdade, que doravante passa a qualificar a adoração autêntica, também ela teve várias interpretações. Não significa sinceridade, sentido que seria banal para qualificar o culto e que, aliás, não é joanino; tampouco se limita a visar uma realidade de adoração da qual o culto veterotestamentário teria sido a expressão, sobretudo porque ἀληθείᾳ, em João, não tem o sentido platônico de realidade, mas se refere à revelação trazida por Jesus: a adoração do Pai pressupõe a acolhida à sua palavra. O Cristo Verdade constitui o "lugar" verdadeiro do culto messiânico, o novo Templo espiritual.

Jo. 4:25
Λέγει αὐτῷ ἡ γυνή· οἶδα ὅτι Μεσσίας ἔρχεται, ὁ λεγόμενος Χριστός· ὅταν ἔλθῃ ἐκεῖνος, ἀναγγελεῖ ἡμῖν ἅπαντα.
A mulher lhe diz: sei que vem um Messias que se chama ungido; quando aquele vier, nos fará conhecer tudo.

ὁ λεγόμενος — como verbo, é um particípio presente passivo, e como nome é um nominativo masculino singular; está na voz passiva, o que quer dizer que não é ele quem se autodenomina. Além disso, como vem acompanhado do artigo definido, podemos traduzi-lo da seguinte forma: "o que está sendo chamado, nomeado, designado".

Χριστός — nominativo masculino singular de segunda declinação; paradigma: Χριστός, οῦ, ὁ. O substantivo é a junção do verbo χρίω (ungir) com o sufixo τός, marca de possibilidade; como vem acompanhado de artigo definido, o Χριστός é o único que pode (tem a possibilidade de) ser nomeado como sendo "ungido".

ἀναγγελεῖ — terceira pessoa do singular do futuro ativo do indicativo do verbo ἀναγγέλλω, que, por sua vez é o somatório da preposição ἀνα + o verbo ἄγγελος, que significa "anunciar", "proclamar". A preposição reforça o anúncio, é uma proclamação que se realiza mais uma vez, novamente. Além disso, a proclamação ou comunicação que o verbo ἀναγγέλλω redimensiona se especifica segundo a qualidade do feito a que a preposição ἀνα nos remete: explicar, resolvendo uma questão, interpretar revelando o significado de um acontecimento, informar, notificar.

Sendo assim, a mulher se confessa disposta a aceitar o

Messias quando este chegar. Então, diante de sua abertura ao futuro e à esperança, Jesus irá se revelar no próximo versículo: "Sou eu quem fala contigo" (aquele que está falando contigo).

> **Jo. 4:26**
> λέγει αὐτῇ ὁ Ἰησοῦς· ἐγώ εἰμι, ὁ λαλῶν σοι.
> Jesus diz a ela: sou eu, o que está falando contigo.

ἐγώ εἰμι — o pronome reforça o verbo "ser", que aparece aqui na primeira pessoa do singular do presente ativo do indicativo: é ele e nenhum outro.

ὁ λαλῶν — particípio presente ativo do verbo contrato λαλέω, que significa "falar". Com o artigo definido, torna-se o gerúndio: o que está falando, aquele que está falando.

A Samaritana não é levada a reconhecer imediatamente o Messias em Jesus; sua expressão é indireta, a fim de deixar para o próprio Jesus a prerrogativa do anúncio. A vinda (ἔρχεται) da hora transforma-se na sua boca em vinda (ἔρχεται) do Messias, o personagem do fim dos tempos: e a Samaritana o sabe, tal como Marta (Jo. 11:24). Os samaritanos aguardavam a vinda de um *Ta'eb* (aquele que deve voltar); tratar-se-ia do Messias no sentido judaico do termo ou de outro personagem, e nesse caso, qual seria o personagem? Um adendo feito ao texto do Decálogo (Ex. 20:1-21) na edição samaritana do Pentateuco poderia confirmar a espera de um profeta. Ali se lê, imediatamente antes do Código da Aliança: "Eu suscitarei de entre teus irmãos um profeta tal como tu [Moisés] e darei minhas palavras em sua boca" (Ex. 20:21).

Então Jesus proclama: "Sou eu [o Messias] aquele que te fala". A mulher não precisa mais esperar algum Messias revelador, ele está ali, e fala. Nesse ἐγώ εἰμι, os comentadores se comprazem em ler um anúncio velado da divindade de Jesus, tal como em outros ἐγώ εἰμι do Evangelho. Mas proceder assim seria precipitar a revelação, que ainda deve progredir para culminar no título que os samaritanos darão a Jesus (Jo. 4:42). Por isso ele não diz "eu sou", mas sim, "sou eu" (Jo. 6, 10 & 15).

Ao fim do diálogo, a mulher por certo não confessa a sua fé, mas sua pressa em alertar as pessoas da cidade mostra que ela entreviu a dignidade de Jesus.

Hermenêutica ontológica

Em Filosofia, a área de "Metafísica" trata da dimensão ontológica da realidade; desde Platão e Aristóteles procura-se pensar didaticamente a realidade a partir de duas dimensões: a ôntica e a ontológica.

A dimensão ôntica da realidade é aquela objetivante, que pode ser apreendida pelo ser humano a partir dos cinco sentidos e está sempre situada numa coordenada de tempo e de espaço — há uma universalidade no acesso a essa dimensão pelo fato de ela ser objetiva, e nesse sentido, ela é democrática. Ainda que uma pessoa não tenha um dos sentidos para perceber o Ente, o objeto ou o real, ela possui os outros quatro sentidos para que possa percebê-lo. Nessa dimensão, temos entes individuais, que possuem um limite que os configura e os determina; esta determinação faz com que pensemos que somos entes separados uns dos outros. É dessa dimensão que trata a Física Clássica; e como consequência dessa dimensão surge a crença de que as coisas (entes) são estáticas, manipuláveis, controláveis e planejáveis.

Quando algo em nossa vida vai mal, achamos que esse dado de realidade é quase definitivo, pois não conseguimos perceber a transitoriedade e a temporalidade de tudo; nos damos conta, apenas, dos limites, dos aprisionamentos, da dor e das repetições que advêm em nossas vidas.

Nessa dimensão encontram-se também a cultura, os costumes e os hábitos na forma de concretização humana (arquitetura, música, artes, indústria cultural, entre outros). Estamos sempre lidando com algo que já está diante de nós, seja como um dado real, seja como um dado produzido pela cultura, que se expressa através de relações e costumes que podem ser apreendidos pelos sentidos.

Em contrapartida, a dimensão ontológica não é percebida somente pelos sentidos (embora sim, a partir deles); ela também é, principalmente, deduzida, apreendida através do intelecto. Por isso, a Samaritana disse a Jesus: θεωρῶ ὅτι προφήτης εἶ σύ. Quando ela diz " vejo", trata-se do verbo θεωρέω, que em Filosofia se traduz por "contemplar" — é a dimensão metafísica por excelência, pois vai além do que os sentidos podem perceber. Tradicionalmente essa dimensão foi compreendida como "o Ser". Depois de Heidegger, no entanto, passamos a associar a questão do ser à questão do tempo.

O Ser, portanto, não é algo estático. O problema aqui é que a questão do ser pode ser confundida com a questão da subjetividade, mas não é disso que se trata. O Ser acontece e se realiza, ele não está restrito à mente humana. A Física Quântica denomina essa dimensão a partir dos dois modos de a matéria se expressar: como partícula e como onda.

A dimensão ontológica, dimensão da verdade, é aquela na qual já estamos imersos, ainda que não sejamos capazes de percebê-la; é a dimensão da possibilidade, não como algo imaginado, mas como composto de realidade: ela já está vigendo. Por isso, para Nietzsche (1883/ 1986), a vida é o eterno retorno do mesmo, "mesmo" aqui compreendido como tempo, possibilidade ilimitada (ἄπειρον), como horizonte infinito de potencialidade, de desdobramento e de realização. Mas nossos olhos não têm acesso a essa realidade, daí a aposta, segundo Pascal, para quem fé é aposta.

Temos que apostar. Falamos de fé pelo simples fato de que nossos olhos não veem. Mas, fundamentalmente, não se trata de fé, e sim de realidade sob o ponto de vista ontológico; trata-se de fé sob o ponto de vista antropológico, já que o ser humano não tem a capacidade de apreendê-la plenamente pelos cinco sentidos. A verdade se dá independentemente de o homem percebê-la. Nessa dimensão, não há Entes; tudo é Ser, isto é, tudo está perpassado por uma dinamicidade própria, que a tudo interliga e reúne.

O avanço trazido pela Física Quântica foi, exatamente, o

de "enxergar" cientificamente essa realidade, que já vinha sendo pensada pela humanidade desde Platão e que, nesta perícope, é por excelência a temática de Jesus

Também é a dimensão ontológica, ou seja, a verdade, o fundamento de possibilidade de todo e qualquer diálogo. Afinal, se durante um diálogo ambos os interlocutores estiverem se remetendo às dimensões ônticas, o diálogo não acontece, pois cada um estará preso ao seu próprio sistema de valores e de crenças; teremos apenas dois monólogos, um não fluirá na vida do outro, potencializando e vivificando o que já está estrangulado, retido, necrosado.

No entanto, pelo fato de o homem ser, fundamentalmente, um "Ser de relação", vivendo "na e desde a liberdade", ele é capaz de dar saltos abissais, ou seja, é capaz de compreender aquilo que não viveu pelo simples fato de postar-se em sintonia com o outro, com o diferente de si.

Além disso, é também essa dimensão que funda a liberdade, pois é a partir dela que deixamos de ser repetidores, imitadores, e nos tornamos seres humanos autênticos (a face de Jesus Cristo). Se apenas seguimos o que vimos e o que foi construído histórica e culturalmente, estaremos aprisionados, enredados na "teia da viúva negra".

Nesta perícope, o que mais nos chama a atenção é o fato de que, enquanto, a Samaritana está vendo e se remetendo unicamente à dimensão ôntica da realidade, Jesus, o tempo todo demonstrando sabedoria e muita paciência, procura fazer com que ela avance e contemple a dimensão ontológica e, com isso, seja ela mesma e dê um salto. É essa dimensão que nos faz compreender que, mesmo se no momento presente não temos "balde" para pegar a água do poço fundo, no momento seguinte poderemos beber da água que é espírito, sopro, que vivifica. É a dimensão ontológica que nos permite entrever o dom da graça e da esperança.

E mais, Jesus diz que ele mesmo é essa dimensão, e quem seguir seus passos terá sempre um horizonte infinito de vida, pois a vida não se deixa aprisionar, nem em Garizim nem em Jerusalém.

Capítulo 2
O não retorno à menoridade
(Gl. 4:1-11)

Os Gálatas

A carta paulina à qual esta análise se reporta repreendeu os destinatários por serem gálatas estúpidos. A localização das igrejas da Galácia e a origem étnica dos gálatas a que Paulo se referiu ainda são assunto muito debatido pelos estudiosos neotestamentários. Alguns afirmam que Gálatas foi escrito para cristãos de origem celta (gaulesa) que viviam em Ancira, Pessinunte e Tavium, ou nos arredores dessas cidades, no norte da Ásia Menor. Outros afirmam que as igrejas da Galácia foram fundadas por Paulo em Antioquia da Pisídia, Icônio, Listra, Derbe, no sul da Ásia Menor, e eram formadas por gentios de diversas origens étnicas (frígios, pisidas e licaônicos) — Paulo teria passado através da Frígia e da região Gálata (At. 16:6) ou através da região Gálata e da Frígia (At. 18:23).

Como província romana, a Galácia incluía o território original (área desde Pessinunte no Oeste até Tavium no Leste) com os seguintes acréscimos: Frígia, Isáuria e Pisídia. Cidades e aldeias como Antioquia da Pisídia, Icônio, Listra e Derbe estavam dentro das fronteiras da província Gálata (Hawthorne, Martin & Reid, 2008, p. 581).

Assim, no tempo de Paulo, a província romana da Galácia estendia-se desde o Ponto, no mar Negro, até a Panfília, no Mediterrâneo. As igrejas da Galácia às quais Paulo se dirige poderiam estar no território étnico setentrional das tribos gálatas nas vizinhanças das cidades principais, Pessinunte, Ancira e Tavium, ou poderiam estar na região meridional da província da Galácia expandida, onde Paulo teria visitado Antioquia da Pisídia, Icônio, Listra e Derbe (At. 13, 14), devido à expansão da província romana da Galácia no século I d.C. (Hawthorne, Martin & Reid, 2008, p. 582). Parece que o termo "gálatas" era amplamente usado para designar pessoas de origem frígia, além de celta.

Quase no fim do século I, em 74 d.C., a maior parte da Pisídia foi separada da Galácia; no século II, por volta de 137 d.C., a Licônia e a Isáuria foram transferidas para a Cilícia; e quase no fim do século III d.C. as regiões meridionais restantes da Galácia foram transferidas para uma nova província da Pisídia, com Antioquia da Pisídia como capital e Icônio como segunda cidade. Neste sentido, a província da Galácia ficou restrita às suas antigas dimensões, do tempo dos invasores celtas, e por esta razão os escritores patrísticos presumiram que Paulo escreveu para a Galácia setentrional, pois era a única existente no período patrístico (Hawthorne, Martin & Reid, 2008, p. 582).

A Galácia era uma província rural. As poucas cidades importantes, Ancira e Antioquia da Pisídia, eram separadas por extensas zonas rurais. Estrabão nos informa que muita gente enriqueceu através das ovelhas, principalmente Amintas, que possuía trezentos rebanhos. A produção de vinho também era um fator econômico importante.

O culto frígio da Mãe dos Deuses era muito difundido, e o mesmo acontecia com os templos dedicados a Zeus (At. 14:13). Quando Ancira (atual Ancara) tornou-se capital da província romana, foi instituído ali o culto imperial. As ruínas do templo de Augusto e Roma ainda podem ser vistas em Ancira (Hawthorne, Martin & Reid, 2008, p. 583).

Os biblistas se dividem quanto à localização geográfica dessas igrejas (Hawthorne, Martin & Reid, 2008, p. 583); o peso das provas parece pender a favor da localização no sul da Galácia. Paulo costumava classificar as igrejas que fundava conforme as províncias: igrejas da Ásia, da Macedônia ou da Acaia. Como não há provas claras de que Paulo fundou igrejas no norte da Galácia, parece melhor considerar o registro da fundação na Galácia das igrejas às quais se refere a carta de Paulo aos gálatas (At. 13, 14).

A descrição que Paulo faz de sua primeira visita à Galácia indica que o motivo da viagem foi uma doença física repugnante; mas quando ele anunciou o Evangelho na região, seus convertidos o receberam como se ele fosse um anjo de Deus.

Se o destino da carta era o norte da Galácia, deve ter sido escrita depois da segunda viagem missionária (At. 18:22) entre 53 e 57 d.C. Se seu destino era o sul da Galácia, é provável que a carta tenha sido escrita depois da primeira viagem missionária, e antes da Assembleia de Jerusalém em 49 d.C.

Costuma-se mencionar que a comparação entre Gálatas, 2Coríntios e Romanos demonstra uma semelhança de tom e temas, em especial em relação à controvérsia quanto ao papel da lei judaica nas igrejas cristãs dos gentios.

A religiosidade no Império Romano

Herança cultural grega

Muitas vezes ficava difícil distinguir a linha divisória entre a magia e a religião. Sir James Frazer sugere que a religião se caracterizava pela conciliação de potências sobre-humanas, enquanto a magia se ocupava do controle, pelo homem, das forças da natureza (Coenen & Brown, 2000, p. 1226).

A magia já é conhecida em Homero, mas é, sem dúvida, muito mais antiga. Na *Odisseia* (XIX, 457-458), um encanto consegue estancar a perda de sangue do ferido Odisseu. Circe tem poções, unguentos e uma vara mágica, e consegue ensinar

Odisseu a convocar os espectros do Hades. Por outro lado, a feiticeira de maior renome na antiguidade era Medeia, que também tinha o poder de lançar mau-olhado e era o protótipo da bruxa repudiada por seu pretendente (Coenen & Brown, 2000, p. 1227). Platão acreditava que os homens não poderiam ser impedidos de crer em tal magia homeopática, nas encantações e nos nós mágicos, e por isso argumentava em favor do castigo conforme a lei, inclusive da pena de morte (Coenen & Brown, 2000, p. 1227).

Os deuses venerados pelos gregos personificavam poderes e forças atuantes na natureza: Zeus enviava relâmpagos e produzia o trovão; Poseidon governava o mar e provoca tempestades; Apolo mandava doenças e concedia a cura das mesmas; Afrodite despertava o amor e representava a beleza.

Deuses e deusas agiam em bosques verdejantes, em fontes e rios, e no breu da mata. Por outro lado, enquanto os deuses do Oriente eram donos do destino, os deuses gregos permaneciam sujeitos às moiras (destino), distinguindo-se dos homens somente pela imortalidade e maior poder.

As cidades tinham seus deuses particulares, como Atena em Atenas e Ártemis em Éfeso (At. 19:28). Além disso, construíam-se templos esplêndidos, com imagens de deuses em seu interior (Lohse, 2000, p. 211). Outrossim, a divindade estava presente através da imagem e entrava em contato com os homens por meio de sinais secretos ou indicações significativas, produzidas pelas imagens. O Oriente muitas vezes representava as divindades na forma de animais terríveis e poderosos; os deuses dos gregos, ao contrário, são homens puros e verdadeiros. No Oriente, a imagem do deus estava no santíssimo, acessível somente a sacerdotes consagrados. Os gregos não tinham essa separação, já que muitas vezes não havia entre eles uma casta sacerdotal destacada, sendo as funções sacerdotais exercidas por membros particulares, determinados pela comunidade. O santuário estava aberto a qualquer grego, sendo-lhe permitido postar-se diante da imagem do deus e adorá-lo (Lohse, 2000, p. 212).

O santuário de um deus, na maioria das vezes, era erigido no alto, ou seja, acima da cidade, ou nas montanhas. No templo ofereciam-se determinados sacrifícios, santificados aos deuses como oferendas. As vísceras dos animais mortos eram queimadas no altar, e as partes comestíveis entregues aos sacerdotes e vendidas como carne no mercado. Não se podia comprar carne que de alguma maneira não tivesse tido contato com o culto, pois de cada animal morto, algumas partes eram queimadas para a divindade.

Os sacrifícios aos deuses, além de representar o cumprimento de uma obrigação, tinham um caráter propiciatório, isto é, esperava-se que os deuses favorecessem o destino dos homens ou afugentassem da cidade o infortúnio e a ruína. Em tempos remotos, vez por outra, também seres humanos eram imolados como estratégia de apaziguamento dos deuses e de reconciliação com eles (Lohse, 2000, p. 213).

Para os gregos, os deuses eram imanentes e ativos. Não haviam criado o cosmos, que era considerado eterno, tinham passado a existir depois. Deuses como o sol, a lua e os astros eram eternos, enquanto outros como Zeus, Hera e Afrodite eram considerados imortais. Eram sustentados por ambrosia e néctar, e em vez de sangue, *icor* corria em suas veias. Não eram onipotentes nem oniscientes (Hawthorne, Martin & Reid, 2008, p. 1058).

Os gregos, em geral, eram extremamente abertos a novas divindades e novos cultos e, com frequência, identificavam suas divindades com algumas das grandes divindades estrangeiras que encontravam. No contato com o Egito, por exemplo, Deméter se tornou equivalente a Ísis, Atena a Toeris, Zeus a Amon, Hermes a Tot.

A partir de Homero, a oração adquiriu a função de assegurar que o deus abordado não fosse ofendido por uma invocação incorreta. O principal sacrifício praticado nos rituais religiosos gregos era a imolação de tipos de animais domésticos, sendo uma parte do animal queimada em honra à divindade e o restante consumido pelos ritualistas. Certos animais eram considerados exigências de certas divindades: vacas eram sacrificadas a Atena e porcos a Deméter. Os gregos faziam uma distinção entre os deuses da primeira geração, os tectônicos, e os deuses da segunda geração, os olímpicos. Os sacrifícios aos deuses olímpicos eram feitos em um altar elevado, durante o dia, e os animais eram de cor clara; era feita uma incisão ascendente na garganta de modo que o sangue esguichasse para o céu antes de correr para o altar. Já os sacrifícios às divindades tectônicas eram feitos em altar baixo, ao anoitecer; os animais tinham pelo escuro e a incisão feita na garganta levava o sangue direto para o altar (Hawthorne, Martin & Reid, 2008, p. 1059).

Os oráculos e as adivinhações desempenharam papel importante na vida dos gregos até o século IV d.C. Algumas formas incluíam a *cleromancia* — adivinhação por meio de dados —, a *ornitomancia* — adivinhação através da observação do voo dos pássaros —, a *hieromancia* — observação das vísceras dos animais sacrificados, a *cledonomancia* — interpretação de presságios ou sons aleatórios —, e a *oniromancia* —interpretação dos sonhos (Hawthorne, Martin & Reid, 2008, p. 1060).

A palavra "oráculo" referia-se à resposta verbal de um deus a uma pergunta, e também ao lugar sagrado onde o deus era consultado. Havia oráculos de sorte, oráculos de incubação e oráculos inspirados. Um dos mais famosos oráculos de incubação era o santuário do deus Asclépio, em Epidauro. Acreditava-se que a cura se realizava através da aparição noturna do deus ao paciente, que muitas vezes recebia instruções sobre o que deveria fazer para ficar curado. Já no oráculo pan-helênico de Apolo em Delfos, no sétimo dia de cada mês, inquiridores faziam perguntas à pítia, sacerdotisa porta-voz de Apolo. Os sacerdotes que auxiliavam a pítia transmitiam ao inquiridor suas respostas, com frequência em forma de verso, e devido ao fato de elas fazerem uso da glossolalia. Como os oráculos eram expressos muitas vezes de forma enigmática, os intérpretes cobravam uma taxa para explicar seu significado (Hawthorne, Martin & Reid, 2008, p. 1060).

Romana

Construir uma história da religião em Roma é uma tarefa reconhecidamente impossível, pois ninguém jamais conseguiu contar o número de divindades cultuadas no Império Romano (Horsley, 2004, p. 18). Os romanos equiparavam seus deuses tradicionais aos deuses gregos. Desta maneira, Júpiter tornava-se Zeus; Juno, Hera; Vênus, Afrodite; Mercúrio, Hermes; Netuno, Poseidon e assim por diante. A tradição romana mais antiga não conhecia mitos como narrativas sobre os deuses, mas, ao relacionar seus deuses aos dos gregos, os romanos assumiam também seus mitos abundantes e variados.

Embora Roma fosse uma cidade-Estado com um Império enorme, seus cultos religiosos e suas práticas nunca foram adotados de maneira significativa pelos que não eram cidadãos romanos (Hawthorne, Martin & Reid, 2008, p. 1060).

Um dos aspectos importantes da religião romana foi a ênfase na *pax deorum* (paz dos deuses, paz com os deuses), isto é, a convicção de que a manutenção de um relacionamento harmonioso com os deuses era a base para a prosperidade e o sucesso temporal. A *pax deorum* era mantida por meio de algumas medidas: 1) era preciso aplacar as divindades com sacrifício e oração; 2) era preciso cumprir com exatidão todos os votos e juramentos; 3) era preciso poupar a cidade de influências hostis por meio de ritual; 4) era preciso prestar rigorosa atenção a todos os sinais exteriores da vontade dos deuses (Hawthorne, Martin & Reid, 2008, p. 1061).

Os romanos reconheciam três tipos de divindades: 1) divindades autônomas, como Júpiter, Marte, Juno e Minerva; 2) seres secretos ciosos de seu anonimato que ajudavam ou atrapalhavam o povo romano, e que por não terem nome, não podiam ser devidamente cultuados; e 3) os chamados *indigitimenta*, divindades menores com a função de ajudar ou atrapalhar os romanos. Com exceção do segundo grupo, havia uma lista imensa de nomes.

Os *flamen*, ou sacerdotes encarregados dos cultos, não

ocupavam cargos de tempo integral, que podiam ser vitalícios, com exceção das seis virgens vestais, que ocupavam sua posição por trinta anos.

A adivinhação pública era parte importante da religião cívica romana, pois através dela se sabia se os romanos haviam quebrado a paz com os deuses. Havia três tipos de adivinhos públicos: 1) os *augures*, que interpretavam o voo dos pássaros; 2) os *haruspices*, que interpretavam as vísceras dos animais; e 3) os *quindecimviri*, que interpretavam os livros sibilinos.

Os sacrifícios também eram importantíssimos. Uma regra existente era que os animais machos deviam ser oferecidos às divindades masculinas e as fêmeas às divindades femininas (Hawthorne, Martin & Reid, 2008, p. 1063).

Júlio César e Augusto — que foram divinizados, pois foram consagrados através de atos oficializados pelo senado romano — tornaram-se parte do panteão oficial, passando a ser considerados deuses. O culto imperial era mais importante nas províncias do que na própria Roma, já que proporcionava a presença ausente do imperador. Este, porém, era adorado somente após a morte, por vezes associado a deuses mais tradicionais ou a grupos de divindades.

Mistérios

A superstição, a ideia de destino, a busca de milagres, a astrologia e a magia tiveram muitos adeptos durante o período helenístico. Vivia-se com incerteza e medo, sob a ameaça de poderes e de demônios, de doenças, de vicissitudes imprevisíveis. As pessoas se sentiam sujeitas a forças poderosas e se achavam impotentes para enfrentá-las. As religiões dos mistérios davam uma resposta, prometendo ao homem a salvação e oferecendo-lhe a força curativa, para que resistisse ao sofrimento até a morte.

Utiliza-se a expressão "mistérios" porque a comunidade reunida para determinados atos cultuais guardava silêncio absoluto sobre eles, nada devendo revelar aos não-iniciados.

Como consequência dessa disciplina arcana, há poucos dados sobre essas religiões (Lohse, 2000, p. 221).

Quando se trata de abordar o tema dos cultos mistéricos, normalmente as reflexões estão eivadas de estereótipos. O primeiro deles é que as religiões do mistério são religiões típicas da antiguidade tardia, que só começaram a irromper quando o espírito racional helênico iniciou seu declínio dando início à escura Idade Média. Embora o culto a Ísis tenha sido instalado em Roma somente sob o governo de Calígula, e os cultos à Grande Mãe e a Mitra tenham se concentrado entre o segundo e quarto séculos depois de Cristo, o culto de Elêusis é conhecido, sem interrupção, desde VI a.C., e o culto a Dionísio/ Baco também aparece remotamente (Burket, 1987, p. 2).

O segundo estereótipo é que as religiões do mistério têm origem no Oriente, nenhuma delas podendo ser pensada dissociada do culto de Elêusis e a Dionísio. É provável que os cultos a Isis, à Grande Mãe e a Mitra tenham surgido devido à perda do mistério na cultura oriental.

O terceiro estereótipo é que as religiões do mistério são religiões espirituais, indicativas da mudança de atitude das pessoas, daqueles que transcendem a visão prática e realista substituindo-a por uma de alta espiritualidade. Sob essa perspectiva, as religiões do mistério seriam religiões soteriológicas, que, por isso mesmo, teriam preparado a vinda do cristianismo, caso em que o cristianismo teria sido a religião de mistério mais bem-sucedida do Oriente.

Desde os tempos remotos realizavam-se celebrações dos mistérios de Elêusis. O mito narra que Perséfone, jovem rapariga filha de Deméter (deusa da fertilidade), foi raptada por seu tio Hades, o soberano do mundo dos mortos. Porém, coagido por Deméter, Zeus formalizou um acordo entre os irmãos Deméter e Hades, segundo o qual Perséfone permaneceria com a mãe durante oito meses e pelos quatro restantes permaneceria no Hades com seu marido. O mito trata do depósito escondido no subterrâneo (Lohse, 2000, p. 224).

Deméter teria chegado triste a Elêusis, à procura da filha; ainda não tendo feito o acordo com Hades com o apoio de Zeus, iniciou o rei de Elêusis nos mistérios e lhe ensinou a cultura dos cereais. Já o culto de Ísis e Osíris, de origem egípcia, narra o mito de Osíris, que governava o Egito e era casado com Ísis. Osíris tinha um irmão chamado Tifão, que ambicionava o poder e armou-lhe uma armadilha. Por ocasião de um banquete, prometeu dar um ataúde de presente àquele que nele se encaixasse perfeitamente. Osíris aceitou a proposta e entrou no ataúde, mas Tifão fechou o ataúde imediatamente e colocou chumbo em cima, levando-o para o rio e jogando-o na água. Porém, Ísis, irmã e esposa de Osíris, procurou o ataúde até encontrá-lo. Abriu-o, chorou sobre Osíris e o beijou, ficando grávida do falecido.

Quando Tifão soube que Ísis havia encontrado o corpo de Osíris, mandou buscá-lo, cortá-lo em 14 pedaços e espalhá-los bem longe. Mas Ísis não se fez de rogada e saiu, mais uma vez, em busca dos pedaços de seu irmão e marido. Felizmente conseguiu juntar os pedaços, possibilitando com isso a entrada de Osíris no mundo dos mortos.

Ísis deu à luz o filho de Osíris, Hipócrates, porém não devemos nos esquecer de que engravidou do marido após a morte. Um Hino a Ísis, dedicado à mãe divina, a glorificava como protetora dos seres humanos:

> Tu és para sempre a santa redentora do gênero humano. E sempre és misericordiosa (...). Tu proteges os navegantes e os viajantes da terra e mar, afastas as procelas da vida e estendes tua mão solícita, com o poder da qual desatas os nós do destino. (Lohse, 2000, p. 227)

A Frígia foi o berço do culto a Cibele e a Átis que permitia uma experiência divina através da embriaguez e do êxtase. O culto teve início na Ásia Menor e depois foi difundido por toda a região mediterrânea.

Cibele, a Grande Mãe, era representada como mãe de

deus sentada no trono, com dois leões a seu lado. O mito do culto narra o encontro da deusa com o pastor Átis. Conforme Ovídio, Cibele encontrou o jovem Átis no mato e ficou encantada com ele, desejando possuí-lo. No entanto, Átis enamorou-se da ninfa Sagaritis. Tomada pelo ódio, Cibele matou a bela ninfa; Átis enlouqueceu, se castrou e foi transformado em pinheiro. Porém, não permaneceu morto, pois foi acordado para uma nova vida e entronizado com a deusa. Quando participavam do culto, os iniciados estavam tomados pela emoção e arrebatados pelo êxtase.

Já a religião de Mitra era proveniente da Pérsia e muito atraente, pois enfatizava a luta entre a luz e as trevas por meio da moral imposta aos fiéis. Por esta razão, a religião de Mitra entrou em sério embate com o cristianismo, tendo este vencido no século IV d.C. Por esta razão, em muitos lugares onde havia um santuário de Mitra chegou-se a construir igrejas cristãs, denotando assim, a vitória do cristianismo (Lohse, 2000, p. 229).

A religião de Mitra só permitia a iniciação de homens, que como guerreiros do deus eram marcados na fronte com um ferro candente. Tornavam-se membros por meio do batismo, podendo em seguida participar dos santos banquetes nos quais as comunidades se reuniam. Como os guerreiros de Mitra lutavam a favor da luz, tinham o dever de observar os bons costumes.

É importante ressaltar que as religiões dos mistérios influenciavam as comunidades cristãs incipientes, quer pela interpretação das ações litúrgicas, quer pela assimilação de alguns aspectos religiosos. Paulo, por sua vez, combatia fortemente a influência dessas religiões nas jovens comunidades cristãs, e afirmava que o batismo e a eucaristia não transmitiam dons de salvação, mas sim submetiam os cristãos ao domínio de Cristo, para serem futuramente ressuscitados e unificados com ele (Lohse, 2000, p. 232).

Judaica

No Antigo Testamento, o emprego da magia, não somente pelos homens, mas também pelos deuses, é bem atestado na literatura religiosa sumero-acádica e canaanítica. Por detrás existe a crença de que nenhum poder detém, isoladamente, o controle final sobre o universo. A fim de obter a estabilidade e o bem-estar desejados para o mundo, os próprios deuses também precisam recorrer a poderes que eles mesmos não possuem.

No mito acadiano de Zu, a vitalidade dos deuses depende, segundo parece, de um talismã portado por seu chefe. Os próprios deuses usam amuletos para se proteger e para garantir a vitória. Na descida de Ishtar ao mundo dos mortos, a deusa usava amuletos.

No AT se reconhece a realidade dos poderes do ocultismo, mas aos israelitas estava proibido o envolvimento com qualquer forma de magia. A Lei observa as várias praxes dos povos circunvizinhos (Dt. 18:10-14), mas as proíbe categoricamente (Hawthorne, Martin & Reid, 2008, p. 1228): a prática da adivinhação, levantar espíritos, procurar um agouro, o feiticeiro, o encantador, o médium, o bruxo, o espírito familiar, o necromante que evoca e inquire os mortos. O perito em encantos figura entre aqueles que gozavam de estima nos dias de Isaías, exercendo certo domínio sobre o povo; mas em nome do Senhor, o profeta anunciou sua remoção.

A prática de feitiçaria é mencionada no Código de Hamurabi, rei que pertencia à Dinastia Amorreia Babilônica Antiga e que reinou de 1728 a 1686 a.C. O parágrafo 2 do código especificava a pena de morte para os que a praticavam, bem como para quem fizesse falsas acusações de feitiçaria. Em ambos os casos sua culpa era testada lançando a pessoa acusada no rio Eufrates; o evento de sua sobrevivência era entendido como vindicação divina de sua inocência (Hawthorne, Martin & Reid, 2008, p. 1229).

As leis do Império Assírio Médio, preservadas em tábuas de argila, também estipulavam a pena de morte para os culpados do crime de fazer preparados mágicos. Já o Antigo Testamento via a magia como rival em potencial à adoração do Senhor, e uma ameaça ao bem-estar do povo. Era proibida por lei, e aqueles que a praticavam eram executados (Ex. 22:18). Os profetas denunciavam a magia como mentira e engano (Is. 44:25).

As práticas apóstatas de Manassés incluíam várias formas de magia, adivinhação e sacrifícios humanos (2Rs. 21:3-6). Seu neto Josias, no entanto, para cumprir as palavras da Lei, escritas no livro que o sacerdote Hilquias encontrara na casa do Senhor (2Rs. 23:24), aboliu os médiuns, os feiticeiros, os ídolos do lar, outros ídolos e todas as abominações que se viam na terra de Judá e em Jerusalém. Anjos e demônios figuravam especialmente na magia judaica. A cerimônia mágica normal consistia em duas partes: a invocação (*klesis* ou *epiklesis*) e o ritual (*práxis*). A própria língua hebraica tinha um emprego especial.

É antiga, remontando à adivinhação celeste da antiga Babilônia no segundo milênio antes de Cristo, a noção de que, em certo sentido, as estrelas e constelações controlam o cosmos e o destino humano. Com o tempo, os astros foram associados a poderes espirituais e, em seguida, identificados eles mesmos com poderes espirituais. Platão falou mitologicamente da divindade dos astros e chegou a chamá-los de deuses visíveis (Hawthorne, Martin & Reid, 2008, p. 450).

Do judaísmo do Segundo Templo nos vêm amplos indícios de especulação a respeito do universo e da relação dos corpos celestes com os anjos. Estêvão menciona o culto do "exército do céu" (*stratia tou ouranou*) como prova da desobediência de Israel, que teria rejeitado a Lei de Deus (At. 7:42-43).

Por outro lado, os israelitas praticavam a circuncisão, que consistia na extirpação do prepúcio, devendo ser efetuada no oitavo dia depois do nascimento segundo a lei (Lv. 12:3) e de acordo com o relato sacerdotal da aliança com Abraão (Gn. 17:12). Segundo a tradição, Isaac fora circuncidado no oitavo dia (Gn. 21:4; Ex. 4:25 e Js. 5:2-3). Naquela época eram utilizadas facas de sílex (traços de antiguidade); depois passaram a fazer uso de instrumentos de metal. A intervenção era realizada em geral pelo pai (Gn. 21:4), pela mãe em caso particular (Ex. 4:25); mais tarde, passou a ser feita por um médico ou especialista (1Mc. 1:61). O lugar não fazia diferença. Em todo caso, a circuncisão nunca foi feita por sacerdotes em templos ou santuários. A ferida não se curava senão após vários dias de repouso (Gn. 34:25; Js. 5:8).

Os israelitas deviam circuncidar não somente seus filhos, mas também seus servidores, israelitas e estrangeiros (Gn. 17:12-13). Era a condição requerida para que tais servidores, estrangeiros ou residentes, pudessem tomar parte na Páscoa (Ex. 12:43-49). Segundo os relatos bíblicos, a circuncisão começou a ser praticada pelo clã de Abraão após sua entrada em Canaã e foi prescrita por Deus como um sinal da Aliança com Abraão (Gn. 17:9-14, 23-27). O costume foi mantido pelos patriarcas e também no Egito (Gn. 34:13-24; Js 5:4-5). Parece, no entanto, que Moisés não recebeu a circuncisão, que, esquecida no deserto, foi restabelecida na entrada da terra prometida (Js. 5:4-9).

A circuncisão parecia não fazer distinção entre os israelitas e a população semita que vivia na Palestina antes dos hebreus. Provavelmente, foram os israelitas que adotaram este costume quando se instalaram em Canaã (Gn. 17:9-14, 23-27; Js. 5:2-9). A diferença está no fato de que os israelitas adotaram a prática no sentido religioso, enquanto nos primórdios a circuncisão era um rito de iniciação do matrimônio e objetivava o ordenamento do clã através da entrada do marido em outro clã (esposo de sangue). Segundo De Vaux (1976), os termos hebraicos que designam o jovem esposo vêm da mesma raiz de *hatan,* que em árabe significa "circuncidar". Os empregos metafóricos confirmam esta interpretação:

> O coração "incircunciso" é um coração que não entende, ao qual Deus pode opor-se; a orelha incircuncisa é uma orelha que não escuta; os lábios "incircuncisos" são incapazes de falar. Considera-se que a circuncisão capacita para uma vida sexual normal e é, por isso, a iniciação do matrimônio. (De Vaux, 1976, pp. 83-87)

A importância religiosa da circuncisão foi se afirmando-se lentamente. As leis do Pentateuco a mencionam de modo acidental (Ex. 12:44-48), e a propósito da purificação da mulher após o parto (Lv. 12:3), em comparação com os primeiros frutos das árvores. Somente após o cativeiro a circuncisão passou a ser um sinal distintivo de pertencimento, de aliança entre o povo de Israel e seu Deus.

Na época do Novo Testamento, a obrigação tornou-se mais importante que o sábado (Jo. 7:22-23). Esse costume, que suscitava insultos por parte dos pagãos, teve que lutar contra a invasão dos costumes gregos, que não o admitiam. Antíoco Epífanes proibiu tal prática na Palestina e castigou duramente os recalcitrantes (1Mc. 1:60-61; 2Mc. 6:10). Os judeus que cediam ao helenismo tratavam de dissimular o sinal da circuncisão (1Mc. 1:15; 1Cor. 7:18).

A mulher no judaísmo

A família israelita antiga é de tipo patriarcal; nela, quase tudo se compreende a partir do pai. Na genealogia de Jesus (cf. Mt. 1:1-17), a mulher só aparece excepcionalmente. O pai goza de total autoridade sobre a "casa" — aqui entendida como a comunidade de sangue e de habitação —, sobre todas as pessoas ligadas à família e sobre todos os *irmãos*. O marido é o senhor da mulher. "No Oriente, a mulher não participa da vida pública; o mesmo acontecia no judaísmo do tempo de Jesus, pelo menos entre as famílias judaicas fiéis à Lei", escreve Jeremias (1983, p. 38). E prossegue:

> O seu tempo maior era gasto em casa com a família e quando saía à rua trazia o rosto encoberto por um manto. O seu rosto era tão encoberto que não se reconhecia uma mulher na rua. Conta-nos Jeremias que um sumo sacerdote de Jerusalém não reconheceu a própria mãe, quando lhe aplicou a sentença prescrita para a mulher acusada de adultério. (Jeremias, 1983, p. 38)

Esse costume de a mulher encobrir os cabelos era tão

acentuado que, caso ela saísse para a rua sem o véu, o marido tinha o direito de despedi-la sem ser obrigado a pagar nenhuma quantia. A figura masculina, em especial o marido, representa todo tipo de poder na vida da mulher israelita, a começar pelo fato de os homens serem proibidos de se encontrarem sozinhos com uma mulher e de olhar para uma mulher casada, não podendo nem mesmo cumprimentá-la. Era preferível então que a mulher não saísse de casa, especialmente se a moça fosse solteira.

Eis o que diz Fílon, citado por Jeremias:

> Negócios, conselhos, tribunais, procissões festivas, reuniões de muitos homens, em suma, toda a vida pública com suas discussões e assuntos, em tempo de paz ou de guerra, é feita para homens. E as mulheres de Alexandria são mantidas em reclusão: não passam além da porta do pátio. Quanto às moças, ficam confinadas nos quartos das mulheres e, por pudor, evitam o olhar dos homens, mesmo de parentes próximos. (Jeremias, 1983, p. 40).

Sob o aspecto religioso, a mulher também não tinha nenhum prestígio; estava sujeita a todas as proibições da lei, a todo o rigor da legislação civil e penal e mesmo à pena de morte. Para os homens, havia a obrigação de observar os mandamentos, como, por exemplo, a peregrinação a Jerusalém; mas as mulheres eram dispensadas dessas leis religiosas. Também estavam dispensadas de aprender a Lei: "Aquele que ensina a Lei à sua filha, ensina-lhe a devassidão" (Jeremias, 1983, p. 42).

Alguns mestres preferiam queimar a Torá a ensinar às mulheres. As escolas de aprendizagem da Torá lhes eram interditadas; só às jovens de classe social mais privilegiada era permitido estudar a língua grega. No templo elas tinham um lugar reservado, separado dos homens. E também eram excluídas "nos dias de sua purificação": quando davam à luz um filho eram consideradas impuras, devendo esperar quarenta dias para a purificação quando nascia um filho homem e oitenta no caso de uma filha mulher.

A condição econômica era um dos fatores que influenciavam fortemente o cotidiano da mulher que morava em Israel, entrelaçada com o costume local. As mulheres dos meios populares não podiam levar uma vida totalmente retirada, como as da classe alta, rodeadas de domésticos. Em muitos casos a mulher precisava ajudar o marido em sua profissão, ainda que como comerciante (Jeremias, 1983, p. 45).

No campo, a mulher era mais livre, afastada dos costumes vigentes na cidade. Podia ir à fonte sozinha, dedicava-se ao trabalho agrícola com o marido e os filhos, vendia azeitonas à porta, servia a mesa. Nada indica que no campo as mulheres observassem de modo tão estrito o hábito de cobrir a cabeça, como na cidade.

A mulher, no tempo de Jesus, mantinha-se recolhida. Em casa, seu lugar vinha após o dos filhos varões, e sua formação limitava-se ao aprendizado dos trabalhos domésticos, costura e fiação; especialmente, tomava conta dos irmãos e também irmãs menores. Porém, numa tarefa ela se igualava aos irmãos: todos tinham o dever de cuidar do pai quando ficasse idoso, de "alimentá-lo e dar-lhe de beber, vesti-lo e cobri-lo, lavar-lhe o rosto, as mãos, os pés". Do ponto de vista de sucessão, por exemplo, mais uma vez a mulher ficava para trás: os filhos homens e seus descendentes a precediam.

Em Israel as filhas mulheres ficavam sob o poder paterno até se casarem, e dele dependiam totalmente. Toda a renda de seu trabalho pertencia ao pai. Até os 12 anos, o pai era o responsável em qualquer assunto legal: a aceitação ou recusa de um pedido de casamento era prerrogativa exclusiva do poder paterno ou de alguém que o representasse. Até atingir a idade de 12 anos e meio, uma jovem em Israel não tinha direito de recusar o casamento decidido por seu pai. Mais ainda: "O pai tinha o direito de vender sua filha como escrava (...), mas somente até os doze anos" (Hawthorne, Martin & Reid, 2008, p. 479). Ainda conforme os autores, os pais chegavam a considerar suas filhas como "fonte de renda": "alguns casam a filha e contraem grandes dívidas; outros a casam e recebem dinheiro por ela" (Hawthorne, Martin & Reid, 2008, p. 480).

A adoção no mundo greco-romano e no mundo judaico

Adoção é o ato pelo qual um homem ou mulher reconhece como seu filho ou sua filha uma pessoa que não é sua consanguínea, dando-lhe os direitos legais de filhos biológicos. A adoção foi praticada na Mesopotâmia já em época remota, pois objetivava compensar a falta de filhos nos matrimônios estéreis e dar aos pais adotivos uma ajuda em seu trabalho e sustento na velhice.

As leis do AT não contêm nenhuma disposição relativa à adoção. Tampouco os livros históricos fazem referência a casos de adoção em sentido estrito, isto é, o reconhecimento legal de um estranho com os mesmos direitos de um filho natural. Não podemos considerar como adoções no sentido supracitado casos como o de Moisés, tratado como filho pela filha do faraó (Ex. 2:10), ou de Ester, órfã recolhida por Mardoqueu (Es. 2:7-15). Além disso, deve-se ressaltar que são exemplos ocorridos no estrangeiro. Mesmo a história de Abraão, que pensou em deixar seus bens para um escravo, já que na época não tinha filhos, não pode ser considerada um típico caso de adoção. Não se trata de uma adoção no sentido pleno, mas, por outro lado, podemos perceber nela os reflexos dos costumes da Mesopotâmia (De Vaux, 1976, p. 97).

Existem ainda vários textos bíblicos que expressam a relação paterna e filial entre IHWH e Israel (Ex. 4:22; Dt. 32:6; Is. 63:16, 64:7; Jr. 3:19, 31:9; Os. 11:1). Tratam-se, no entanto, de metáforas, que apresentam a ideia da paternidade divina, noção que só será expressa plenamente e posta em relevo no NT.

Todavia, há, nos Salmos um texto que diz "Tu és meu

filho, eu hoje te gerei" (Sl. 2:7), parecendo utilizar a forma legal. Podemos concluir que a noção de adoção no sentido jurídico do termo era conhecida no Antigo Testamento, mas teve pouco influxo na vida corrente.

A escravidão no Império Romano

O sistema greco-romano de escravidão era parte integrante de todos os aspectos da vida no tempo de Paulo. Há estimativas de que, nos séculos I e II d.C., de 85 a 90 por cento dos habitantes de Roma e da Itália peninsular eram escravos ou de origem escrava. Os fatos e os números a respeito da escravidão nas províncias são incompletos em comparação com os da Itália, mas os indícios existentes sugerem uma porcentagem comparável.

Pela lei, os escravos eram considerados ferramentas humanas (Hawthorne, Martin & Reid, 2008, p. 479). Contudo, no século I d.C. foram-lhes concedidos muitos direitos: passaram a poder participar do culto como membros da família ampliada de seu dono; podiam se casar, mas os casamentos eram chamados *contubernium*, e não *matrimonium*. Isso significava na prática que os filhos do relacionamento seriam propriedade do dono, o que pode ter sido a maior fonte de escravos nos primeiros tempos do Império.

Além de trabalhadores rurais ou operários semiespecializados, os escravos também eram artesãos, artífices, arquitetos, médicos, filósofos, gramáticos, escritores e mestres. Frequentemente trabalhavam por salários diários, dos quais conservavam apenas cerca de um terço; os dois terços restantes eram destinados a seus donos. No século I d.C., César Augusto providenciou para que fossem aprovadas leis que determinassem a quantidade e a idade dos escravos que podiam ser alforriados legitimamente. Muitas vezes, os alforriados tornavam-se sócios comerciais dos antigos donos.

Por causa da revolta dos escravos germânicos, os romanos demonstravam preferência por escravos de origem oriental. Havia, porém, tarefas duras destinadas aos escravos do Norte e do Ocidente, que trabalhavam acorrentados uns aos outros e eram abrigados à noite nas *ergastula* [casas de correção] — sólidas estruturas planas, baixas o bastante para impedirem os escravos de ficar em pé. Já os escravos de origem oriental gozavam de grande popularidade em Roma. Eram os servos domésticos de confiança, professores, bibliotecários, contadores e administradores de bens. Nos últimos tempos da República e no início do Império foram alforriados aos milhares (Hawthorne, Martin & Reid, 2008, p. 479).

Sem dúvida, havia escravos e senhores em muitas igrejas paulinas, embora com frequência não tomemos conhecimento de escravos incluídos em expressões como "os da casa de..." (Rm. 16:10-11), ou familiares de Cloé (1Cor. 1:11) ou a família de Estéfanas (At. 11:14). Dezenas de milhares de escravos judeus foram trazidos a Roma desde a época da vitória de Pompeu até a destruição de Jerusalém, em 70 d.C. Com Filêmon, Paulo (1Cor.) analisa apenas tangencialmente a situação dos escravos, usando a metáfora da escravidão para descrever a salvação pela graça. O ato de alforriar um escravo, por exemplo, é citado por ele para mostrar que Cristo liberta os fiéis do pecado: a liberdade dos cristãos é uma liberdade completa, como a de um escravo quando recebe a alforria; aquele que vem a Cristo torna-se membro da família de Deus, sendo redimido, reconciliado, justificado — o fiel é elevado do nível mais baixo de escravo ao de filho e herdeiro da salvação prometida pela graça.

Paulo sugere ainda (Rm. 16) que muitos dos nomes mencionados tenham sido de escravos. Em duas passagens significativas, faz pronunciamentos a respeito da condição dos escravos, em vez de mencionar a escravidão de maneira abstrata. E escreve: "cada um permaneça na condição em que se achava quando foi chamado" (1Cor. 7:20-22).

Em suas cartas, Paulo usa a metáfora da escravidão com certa frequência (Hawthorne, Martin & Reid, 2008, p. 481). Aquele que é escravizado a Cristo é essencialmente livre: livre do pecado e da morte; livre para fazer a vontade de Deus e viver.

É importante destacar ainda que no século I d.C. a produção econômica no Império Romano se baseava, na maior parte, no trabalho escravo. Os escravos não eram considerados pessoas, mas coisas de que seu dono podia dispor conforme lhe conviesse, comprando-os e vendendo-os, castigando-os e tratando-os como bem entendesse (Lohse, 2000, p. 201). O direito romano previa certas limitações, proibindo formas brutais de maus tratos; só os juízes podiam determinar se um escravo podia ser condenado à luta com os animais. Sua posição jurídica, porém, era fraca.

Tinham também permissão para juntar dinheiro. Frequentemente permitia-se aos escravos que formassem certo capital para usufruto próprio, *o peculium*, mas isso não diminuía o poder jurídico absoluto do dono. A quantia era usada com frequência para comprar a liberdade ou para abrir um negócio depois de alforriados, isto é, libertados pelo dono. Geralmente o resgate era feito por meio do depósito do dinheiro necessário no templo de um deus, sendo a liberdade concedida em nome desse deus. Se o dono fosse cidadão romano, o liberto também se tornava cidadão romano (Lohse, 2000, p. 202).

O preço de um escravo era baixo, seu valor sendo fixado conforme sua saúde e capacidade física. O contingente de escravos crescia bastante por causa das conquistas bélicas, e continuava a aumentar depois, pela procriação. Por isso as pessoas ricas chegavam a ter centenas deles trabalhando em seus latifúndios. Por outro lado, quem quisesse ser admirado deveria possuir ao menos 12.

Como não havia escolas públicas, as próprias famílias precisavam se preocupar com a formação de seus filhos. Geralmente encarregava-se um escravo de cuidar diariamente da criança, de prestar atenção ao seu comportamento e até castigá-la, se necessário. Esse escravo chamava-se *pedagogo*, no sentido de "disciplinador" (Gl. 3:24), e era obrigado a acompanhar a conduta reta do menino confiado a ele (Lohse, 2000, p. 203). O termo vem do grego, παιδαγωγός, "escravo responsável por uma criança".

Certamente estava claro para Paulo que não era possível acabar com o sistema escravocrata no Império Romano (1Cor. 7:21-23). No entanto, sempre propunha uma prática nova nas pequenas comunidades que fundava (Gass, 2010, p. 145).

Muitos apóstolos, como Jesus, e também a pedido deste, exerciam sua missão como missionários itinerantes, vivendo do trabalho evangelizador. O próprio Paulo estava ciente dessa recomendação (1Cor. 9:14). Apesar disso, fazia questão de trabalhar na profissão de fabricante de tendas. O trabalho tinha papel central em sua vida, porque não queria ser um peso para as comunidades, em sua maioria pobres. Por outro lado, na cultura grega, o trabalho manual era desqualificado, considerado indigno das pessoas livres; era reservado aos escravos, artesãos e escravos libertos. Paulo, porém, recomendava aos cristãos que trabalhassem com as próprias mãos, segundo ele uma vida honrada.

Além disso, Paulo não considerava o ato de evangelizar uma profissão, posto que a Boa Nova era uma graça, e, sendo assim, deveria ser anunciada gratuitamente (Gass, 2010, p. 125). Não queria fazer como os professores, filósofos e missionários itinerantes, que viviam hospedados nas casas dos mais abastados. Fazia questão de ser livre (Gass, 2010, p. 126) para não se deixar influenciar, a não ser pela pessoa de Cristo.

Texto grego: tradução e análise morfológica dos versículos[10]

Gl. 4:1
Λέγω δέ, ἐφ' ὅσον χρόνον ὁ κληρονόμος νήπιός ἐστιν, οὐδὲν διαφέρει δούλου κύριος πάντων ὤν,

---

10 Tradução proveniente da Bíblia de Jerusalém.

Ora, eu digo: enquanto o herdeiro é menor, embora dono de tudo, em nada difere do escravo.

Gl. 4:2
ἀλλὰ ὑπὸ ἐπιτρόπους1 ἐστὶν καὶ οἰκονόμους ἄχρι τῆς προθεσμίας τοῦ πατρός.
ele fica debaixo de tutores e curadores até a data estabelecida pelo pai.

Gl. 4:3
οὕτως καὶ ἡμεῖς, ὅτε ἦμεν νήπιοι, ὑπὸ τὰ στοιχεῖα τοῦ κόσμου ἤμεθα δεδουλωμένοι·
assim também nós quando éramos menores estávamos reduzidos à condição de escravos, debaixo dos elementos do mundo.

Gl. 4:4
Ὅτε δὲ ἦλθεν τὸ πλήρωμα τοῦ χρόνου, ἐξαπέστειλεν ὁ θεὸς τὸν υἱὸν αὐτοῦ, γενόμενον ἐκ γυναικός, γενόμενον ὑπὸ νόμον,
Quando, porém, chegou a plenitude do tempo, enviou Deus o seu Filho, nascido de mulher, nascido sob a Lei,

Gl. 4:5
ἵνα τοὺς ὑπὸ νόμον ἐξαγοράσῃ, ἵνα τὴν υἱοθεσία2 ἀπολάβωμεν.
para resgatar os que estavam sob a Lei, a fim de que recebêssemos a adoção filial.

Gl. 4:6
ὅτι δέ ἐστε υἱοί, ἐξαπέστειλεν ὁ θεὸς τὸ πνεῦμα τοῦ υἱοῦ αὐτοῦ εἰς τὰς καρδίας ἡμῶν, κρᾶζον· Ἀββᾶ ὁπατήρ.
e porque sois filhos, enviou Deus aos nossos corações o Espírito do seu Filho, que clama: *Abba*, Pai!

Gl. 4:7
ὥστε οὐκέτι εἶ δοῦλος ἀλλὰ υἱός· εἰ δὲ υἱός, καὶ κληρονόμος διὰ θεοῦ.
de modo que já não és escravo, mas filho. E se és filho, és também herdeiro, graças a Deus.

Gl. 4:8
Ἀλλὰ τότε μὲν οὐκ εἰδότες θεὸν ἐδουλεύσατε τοῖς φύσει μὴ οὖσιν θεοῖς·
Outrora, é verdade, não conhecendo Deus, servistes a deuses, que na realidade não o são.

Gl. 4:9
νῦν δὲ γνόντες θεόν, μᾶλλον δὲ γνωσθέντες ὑπὸ θεοῦ, πῶς ἐπιστρέφετε πάλιν ἐπὶ τὰ ἀσθενῆ καὶ πτωχὰστοιχεῖα, οἷς πάλιν ἄνωθεν δουλεῦσαι θέλετε;
mas agora, conhecendo a Deus, ou melhor, sendo conhecidos por Deus, como é possível voltardes novamente a estes fracos e miseráveis elementos aos quais vos quereis escravizar outra vez?

Gl. 4:10
ἡμέρας παρατηρεῖσθε καὶ μῆνας καὶ καιροὺς καὶ ἐνιαυτούς.
observais cuidadosamente dias, meses, estações, anos!

Gl. 4:11
φοβοῦμαι ὑμᾶς μήπως εἰκῇ κεκοπίακα εἰς ὑμᾶς.
receio ter-me afadigado em vão por vós.

Delimitação do texto

A perícope escolhida faz parte do capítulo quarto da *Carta aos Gálatas*, versículos de um a onze.

Texto antecedente

A perícope anterior apresenta o Advento da Fé em contraposição ao jugo da Lei. Trata da descendência de Abraão (Gl. 3:23-29).

Texto subsequente

O contexto posterior (Gl. 4:12-20) se inicia com uma súplica da parte de Paulo para que os gálatas se tornem como Paulo é. Ele insiste no fato de que seus inimigos querem afastá-los dele.

Análise linguística e comentário exegético

Menoridade

Enquanto formos menores, seremos escravos dos elementos do mundo. O sentido básico de um elemento é ser parte fundamental de alguma coisa. Na literatura clássica grega e helenística o termo pode se referir a princípios, ou a componentes de um sistema, ou a um conjunto de partes das quais o mundo é composto. O contexto no qual o mundo ocorre usualmente dá o sentido mais claro, mas não é o que temos aqui em Gl. 4. Deveríamos assumir que στοιχεῖα τοῦ κόσμου[11] era uma expressão já familiar aos gálatas à época pregação de Paulo. Ao usar στοιχεῖα Pedro (2Pe 3:10-12) se refere aos elementos do mundo natural que seriam consumidos pelo fogo no dia do Senhor. Em Colossenses (Cl. 2:8-20), associa-se a ideia de στοιχεῖα τοῦ κόσμου à tradição humana, a comandos e ensinamentos, a princípios religiosos e morais. Neste sentido, é possível que em Gl. 4 a expressão tenha um sentido mais amplo, que possa açambarcar as tradições morais e religiosas tanto dos judeus como dos gentios (Williams, 1997, p. 132).

---

[11] Princípios elementares do mundo.

Com a expressão "do mundo", Paulo estaria afirmando que os princípios religiosos e morais são os princípios do mundo cujos valores são estritamente humanos, e cuja legitimidade já não era apropriada nem suficiente para a nova situação criada pela chegada do Filho de Deus e pela fé. A intenção dos elementos do mundo é salutar, uma vez que são necessários a fim de prevenir o caos social; contudo, nos confinam, nos limitam as possibilidades de vida.

Nestes versículos, a humanidade é apresentada até a vinda de Cristo, quando o tutor (a Lei) foi posto de lado, como sendo uma criança, no sentido de imatura (Vos, 1981, p. 69), tal como era geralmente a criança, que tanto no testamento grego quanto no romano ficava sob a guarda dos pais ou dos tutores.

Os judeus encontravam-se sob a lei de Moisés, e os gentios sob a lei universal da Ética e da Moral — espiritualmente, eram menores, e neste sentido o Evangelho introduziu uma mudança de posição: os menores espirituais se tornaram filhos adultos.

Antes da vinda de Cristo, tanto judeus quanto gentios viviam como crianças, sob o jugo de outrem. Todos eram escravos, até que Cristo veio emancipá-los (Vos, 1981, p. 70).

Adoção filial

A mudança do estatuto de escravos para filhos adotivos não acontece inevitavelmente, sem nenhum esforço, com o mero passar do tempo. Ela ocorre por causa da iniciativa divina, um ato que rompe os grilhões do presente entediante com vistas à esperança futura, e interpõe um novo e impensado modo de existência pessoal: a liberdade e as prerrogativas da filiação. Aqui, a partir da perspectiva daqueles que eram escravos (todos nós), Paulo ilumina o aspecto da iniciativa de Deus ao enviar seu Filho. O que havia acontecido não era natural nem era esperado, e mais, mesmo seu Filho adquiriu essa posição através da morte.

Quem somos nós, que nos tornamos filhos? Paulo (Gl.

4:3-6) está falando exclusivamente dos judeus-cristãos. Deus havia enviado seu Filho para que "nós, judeus", recebêssemos a filiação, um *status* longamente clamado por Israel. E porque os gentios também são filhos, Deus enviou o Espírito de seu Filho para dentro dos corações tanto de judeus quanto de cristãos. O "nós", então, passa a ser todo aquele habitante da Galácia que crê, seja ele judeu ou gentio (Vos, 1981, p. 111).

Paulo apresenta um novo momento de seu argumento (Gl. 3:26), e dá a segunda razão para que os fiéis não mais permaneçam sob a jurisdição da lei: são agora filhos de Deus que atingiram a maioridade, não são mais adultos infantilizados. Nessa passagem, entre Gl. 3:26 e GL. 4:11, Paulo se esforça em centrar sua atenção na relação entre lei e filiação (Cosaert, 2011, p. 86), demonstrando assim a identidade dos verdadeiros filhos de Abraão, conceito que ele havia introduzido anteriormente (Gl. 3:7).

Ainda segundo Paulo, a entrada de Jesus na história humana não foi acidental, pois "Deus enviou o seu Filho" (Gl. 4:4), em outras palavras, Deus tomou a iniciativa da nossa salvação. Deus não havia enviado um mensageiro ou um substituto: Ele enviara a Si Mesmo (Cosaert, 2011, p. 87). No entanto, apesar da preexistência divina do Filho de Deus, Jesus quis nascer de uma mulher (Gl. 4:4), e nesta passagem Paulo reafirma a genuína humanidade de Jesus.

Para nos salvar, era necessário que Jesus assumisse a nossa humanidade. Se ele nasceu sob a lei, foi para que pudesse redimir aqueles que estavam sob seu jugo. Paulo se refere ao preço pago pela libertação de um escravo; mas para nos libertar de quê? O Novo Testamento nos apresenta quatro possibilidades: 1) libertar-nos do demônio e seus sequazes (Hb. 2:14-15); 2) libertar-nos da morte (1Cor. 15:56-57); 3) libertar-nos do poder do pecado que nos escraviza (Rm. 6:22); e 4) libertar-nos da condenação da lei (Rm. 3:23-24; Gl. 3:13, 4:5).

No entanto, o maior benefício da vinda de Cristo não foi a redenção, mas a adoção filial (Gl. 4:5), que envolve mais do que a redenção (Cosaert, 2011, p. 88), já que em Cristo ganhamos muito mais do que perdemos com Adão.

Paulo é o único autor do Novo Testamento que emprega o termo "adoção". Durante o Império Romano, a adoção era um meio legal para garantir inúmeros privilégios: 1) o adotado tornava-se filho adotivo do pai; 2) o pai providenciava todas as necessidades de roupa e comida; 3) o filho adotado não podia ser repudiado; 4) o filho adotado não podia ser reduzido à escravidão; 5) os pais naturais não podiam reclamar os filhos adotados; e 6) a adoção mantinha o direito de herança.

Sob o ponto de vista espiritual, os cristãos da Galácia tinham atingido a posição de adultos, tinham sido salvos pela fé e o Espírito Santo estava atuando em suas vidas (Cosaert, 2011, p. 86). Já não eram escravos da lei.

Paulo não estava dizendo que estavam livres para viver sua vida do modo que quisessem, sem se ater aos ensinamentos de Deus; o que ele estava querendo dizer era apenas que Deus os estava tratando agora como filhos adultos, não mais como filhos que ainda estão na infância. Sua relação com Deus estava fundamentada na graça, e não na obediência a códigos e leis, próprios da infância.

Elementos do mundo

O sentido, ou os sentidos que Paulo atribuía a τά στοιχεῖα τοῦ κόσμου são assunto de debate exegético. Em geral, os intérpretes entendem que o emprego paulino cai em um dos seguintes campos semânticos (Cosaert, 2011, p. 448):

1) princípios básicos de ensinamentos religiosos como a lei (origem judaica);

2) matérias essenciais e rudimentares do universo, como terra, água, ar e fogo (origem grega antes do helenismo);

3) seres espirituais pessoais do cosmos, como demônios, anjos ou divindades estelares (origem pós-helênica).

Quando Paulo fala dos rudimentos iniciais das palavras de Deus (Hb. 5:12), o faz numa clara referência aos ensinamentos rudimentares básicos da fé. Em outra passagem (2Pe. 3:10-12), diz que a ordem criada com seus elementos abrasados se dissolverá. Aqui a referência é às matérias naturais que formam o mundo.

Paulo se refere ainda (Cl. 2:8-10) a um falso ensinamento que está de acordo com os elementos do mundo, em vez de permanecer de acordo com Cristo, ou seja, normas e preceitos religiosos embaraçosos e ineficientes. A alusão a disciplinas espirituais associadas ao culto dos anjos (Cl. 2:18) tem levado alguns intérpretes a novamente perceber um paralelo entre τά στοιχεῖα τοῦ κόσμου e os poderes angelicais.

Em Gálatas, Paulo emprega τά στοιχεῖα τοῦ κόσμου primeiro com referência a um aspecto da experiência religiosa anterior a Cristo (Gl. 4:3), quando as pessoas estavam sujeitas à escravidão e à posição de menores, situação paralela à experiência judaica da lei. Alguns versículos depois, Paulo se refere ao passado religioso dos gálatas gentios, quando não conheciam a Deus, comparando essa situação à escravização aos στοιχεῖα, "fracos e miseráveis" (Gl. 4:9).

Esse campo de poder ao qual estavam outrora sujeitos é comparado aos relacionamentos com o que Paulo chama de "deuses que na realidade não o são". Assim notamos um paralelo entre Colossenses 2:8-20 e Gálatas 4:8-10.

Antes que os homens pudessem entrar no espírito do ensinamento de Deus, tinham que aprender quais eram os princípios elementares da religião e da moralidade, aquilo que os guardiães e mordomos utilizavam para controlar a liberdade do herdeiro: era necessária uma obediência a regras definidas de justiça e ordem como preparação para a liberdade do Espírito. Tal educação preliminar havia sido dada aos hebreus nos Dez Mandamentos, antes de Cristo uma valiosa disciplina para a educação do mundo (Lührmann, 1992, p. 72). Em Colossenses (2:8-20), porém, é condenado todo ensinamento produzido pela sociedade humana que seja antagônico ao ensinamento mais elevado de Cristo: "olhai que não haja ninguém a enredar-vos com a filosofia, o que é vazio e enganador, fundado na tradição humana ou nos elementos do mundo, e não em Cristo".

Toda a Trindade Santa se envolveu para fazer do crente um filho e herdeiro (Lührmann, 1992, p. 73): "o Pai enviou o Filho que se deu a Si Mesmo a fim de nos redimir, e o Pai deu ao Espírito nossos corações para que Ele fosse como um selo, um sinal da nossa herança e uma ajuda para que vivamos como filhos do Rei".

Antes da conversão, os gentios deificavam as forças e os fenômenos, que não são deuses pelo simples fato de não serem pessoais, nem onipotentes. As imagens que representam essas forças e fenômenos tampouco são deuses porque não possuem nem vida, nem poder. A razão pela qual os pagãos haviam se escravizado era o fato de que não conheciam Deus.

Os gálatas não conheciam Deus porque não haviam chegado a conhecê-Lo por experiência pessoal, mas vieram a gozar de uma nova relação com Ele, como filhos recebidos em uma nova família divina (Lührmann, 1992, p. 74). Paulo lhes recorda que Deus os conhecia, os havia elegido e predestinado à adoção (Ef. 1:4-5) tendo-os atraído através de Seu Espírito para que viessem a conhecê-Lo pessoalmente.

Como podiam, então, ter voltado à escravidão? Isso é causa de assombro, já que haviam voltado aos rudimentos débeis de uma religião que era simplesmente o alfabeto. Haviam desfrutado de estágio superior, e agora queriam encontrar-se escravizados novamente por esses fracos rudimentos? O que queriam eles com uma escravidão ao legalismo judeu, que era igualmente impotente para prover a justificação e a capacitação espiritual? O que faziam era observar meticulosamente dias especiais com a crença de que com essa prática ganhariam méritos, mas tal coisa estava totalmente fora de sintonia com a liberdade cristã. Cada dia há de se viver para a glória de Deus.

"Temo por vocês", disse Paulo, querendo dizer que se continuassem com sua pauta legalista, todos os esforços que haviam feito não teriam servido para nada, e não teriam nenhum resultado permanente e significativo (Lührmann, 1992, p. 75).

A característica mais significativa da falsidade de seu evangelho era sua insistência na circuncisão (Matera, 2007, p. 71). Em si mesma, a circuncisão nada valia para Paulo, e ele afirma isso por duas vezes na mesma carta. O que lhe causava alteração era a prática ou aceitação da circuncisão como uma obrigação legal, como se fosse essencial para a salvação ou para a participação na comunidade do povo de Deus.

Segundo Paulo, aqueles que desejavam ser circuncidados para vangloriar-se de haver se submetido a esse rito externo (Gl. 6:13) estavam admitindo o princípio da salvação pelo cumprimento da lei, o fato de que, se não levassem a sério a obrigação de cumpri-la em sua totalidade, incorreriam no destino invocado pela própria lei: "Maldito todo aquele que não persevera em cumprir tudo o que está escrito no livro da lei" (Dt. 27:26).

Para Paulo, Cristo liberou-nos da maldição da lei, fazendo-se maldição por nós. O propósito era que a bênção de Abraão se estendesse também aos gentios, para que todos os que aderissem à fé recebessem o Espírito prometido mediante a fé.

Era absurdo, para Paulo, o fato de que aqueles que haviam experimentado a liberdade se expressassem novamente submissos às sanções da lei, do mesmo modo que seria um absurdo um ex-escravo querer pôr novamente os grilhões em suas mãos. Paulo entende que se alguém quer ser justificado pela lei, é porque a relação com Cristo já está rompida, isto é, a pessoa já decaiu do senhorio da graça de Deus (Lührmann, 1992, p. 72).

Não se tratava de fazer de um gentio um judeu, mas antes, sim, de introduzir tanto judeus quanto gentios em uma nova comunidade pela fé que reconhecesse Jesus como senhor. A circuncisão, assim como outros elementos da lei de Israel (restrições dietéticas, datas sagradas etc.) havia separado tradicionalmente judeus e gentios (Lührmann, 1992, p. 73). Nessa nova comunidade a circuncisão era irrelevante, e resultava inadmissível qualquer intento de considerá-la algo essencial.

Nada disso fazia mais sentido na "nova criação" (Gl. 6:15), na qual não havia "nem judeu nem grego" (Gl. 3:28). Qualquer tentativa de imposição implicava retroceder ao tempo anterior à vinda de Cristo; era o mesmo que afirmar que Cristo não tinha encarnado entre nós.

Além da circuncisão, os gálatas guardavam dias, meses, estações e anos (Gl. 4:10). O que haveria de mal nisso? Em si mesmo, nada. Mas Paulo considerava que guardar ou não guardar o calendário era tão sem importância no âmbito religioso quanto a circuncisão. De certo modo, Paulo ajustava seus movimentos como uma estratégia, sobretudo no que se referia às suas visitas a Jerusalém (1Cor. 9:19). Porém, guardar ocasiões sagradas como se se tratasse de uma obrigação religiosa, como se fizessem parte da essência da fé evangélica, era um passo atrás em relação à liberdade da escravidão de fato, como se se tratasse de uma submissão aos elementos (forças elementais) do mundo (Gl. 4:3-9).

Deixando de lado o que levou Paulo a escolher o termo στοιχεῖα nesse contexto, é evidente que o cumprimento da lei judaica se interpreta como submissão a ela. Estaria Paulo equiparando seu judaísmo no passado ao antigo paganismo dos gentios, como se ambos consistissem no serviço aos στοιχεῖα? Sim, sem dúvida alguma.

À luz do Evangelho, tais στοιχεῖα eram débeis e inúteis, e se fossem levados em conta Cristo teria mostrado seu fracasso. Para os que não viviam segundo a liberdade cristã, os στοιχεῖα eram principados e potestades que submetiam as almas dos homens à escravidão.

Para Paulo, o culto pagão era sempre condenável, porque implicava idolatria e os vícios dela derivados. O culto judaico não era passível de culpa, mas era uma fase infantil e imatura se comparada com a era introduzida por Cristo e presenteada por Ele aos homens (Lührmann, 1992, p. 73).

Nascido de mulher

A comunidade para a qual o apóstolo se dirige está em

crise porque, com a questão dos circuncisos e incircuncisos, coloca em risco a verdade do único Evangelho, o anúncio da Boa Nova (At. 9:15, 10:17 & 15:1).

Paulo menciona anonimamente a mãe de Jesus, que teria "nascido de mulher" (Gl. 4:4). O foco principal do texto não é ela, mas seu filho Jesus e o Espírito que a ela vem. É uma mulher do povo, simples e pobre, sem nenhuma idealização. A grandeza de Maria reside em realizar plenamente o desígnio que o próprio Jesus anuncia; aqui, a mulher sem ilustração, se incluía no anonimato geral das mulheres no judaísmo.

Não fosse por Maria, a história teria se passado na obscuridade, modo como Deus geralmente age e penetra no curso dos fatos. Mas ela teve que buscar os caminhos de Deus e, encontrando-os, os acolheu com total e plena disponibilidade.

Maria é virgem-noiva; Maria é pobre; Maria é mãe; Maria é cheia de fé; Maria é uma mulher forte. Andando na obscuridade da fé, nem tudo ela compreende (Lc. 2:50), mas sempre confia (Lc. 1:38). Sua fé cresce mediante a reflexão e a meditação (Lc. 1:29 & 2:19). Não duvida da iluminação interior, apenas pergunta como isso se fará. Aceita realidades que não se veem (Lc. 1:37). "A fé é a antecipação das coisas que se esperam, a prova das realidades que não se veem" (Hb. 11:1).

É próprio da fé viver no lusco-fusco, criar luz na medida em que se acolhe e se entrega ao plano de Deus. Este é o nosso caminho, e foi também a senda estreita de Maria. A fé vive com a perplexidade, mas não pode viver com a dúvida. A fé tornou-a sempre disponível, descentrada de si mesma, sempre a serviço do filho e dos demais.

> Não pensemos que Maria estivesse cercada de aias, vivendo em palácios, embalada por músicas celestiais, ornada de rosas, vivendo num idílio paradisíaco. Vida opaca, difícil, lutada. Mas lhe dava uma força que a fazia aceitar no mais santo abandono o lado espinhoso e vivê-lo interiormente de uma maneira completamente diferente. (Boff, 1996, p. 132)

Maria nunca aparece por si mesma, sempre a serviço dos outros. Sua presença é feita mais de silêncios do que de palavras. O pouco que as Escrituras nos deixam entrever é o essencial de sua e de toda e qualquer vida verdadeiramente humana: receptividade e doação; acolhimento e entrega.

O ser humano se descobre receptivo: não se deu a vida, recebeu-a. Não cria o mundo, apenas o transforma. Tem a experiência gratificante da bondade e exuberância da realidade que se presenteia a ele contínua e gratuitamente, se descobre como alguém que se doa. Maria é acolhimento e entrega. *Fiat*. Faça-se.

Maria nem sempre entende tudo o que ocorre, mas acolhe e medita, guarda no mais profundo de seu coração. É aquela que toma a iniciativa, se entrega e se doa aos outros. É frágil e simples, mas cheia de coragem messiânica a ponto de cantar em seu "Magnificat" a derrubada dos poderosos e a punição dos ricos (Lc. 1:51-53). Maria tem uma presença corajosa junto à cruz. Maria abre seu ventre para trazer a libertação da qual Paulo fala. É a primeira que recebe o Espírito Santo; a Nova Criação entra no mundo por meio da carne de uma mulher, e a história da salvação encontra a sua plenitude.

A mulher da qual trata a teologia de Paulo é o espaço onde se dá a revelação da comunidade divina. Por meio do Espírito Santo o Pai envia o Filho que nasce "de uma mulher", Maria.

Maria acreditou na revelação da palavra única do pai, e por isso é a "mulher bem-aventurada" (Lc. 1:45).

Hermenêutica ontológica

Em seu opúsculo intitulado *Was ist Aufklärung*[12] Immanuel Kant (1783/ 1995) afirma que o esclarecimento é a saída do homem da menoridade de que ele próprio é culpado, por não fazer uso de sua capacidade de entendimento (Kant, 1783/ 1995, p. 11).

---

[12] Do alemão: "O que é Esclarecimento".

Analogamente, podemos dizer que Paulo estava preocupado com os gálatas por esse mesmo motivo: por estarem voltando a viver como "menores", como crianças, não pelo fato de não estarem fazendo uso de sua capacidade racional, como em Kant, mas pelo fato de que, uma vez que haviam iniciado um relacionamento autêntico com o próprio Deus em Pessoa, estarem voltando a fazer uso de elementos rituais "débeis e frágeis" como um modo de se relacionar impessoalmente com este mesmo Deus. Como isso era possível?

Hodiernamente, ainda existem fiéis cristãos que buscam a garantia de seu relacionamento com Deus por meio do exercício de práticas elementares, básicas. As práticas de hoje, como as de outrora, são instituídas por seres humanos, e neste sentido atadas a um tempo histórico, a uma cultura. Exemplos disso são o medo de se faltar a uma missa dominical, a observância excessiva dos dias festivos, a oração do terço que não se pode deixar de recitar, os dias certos de confissão, enfim, toda uma série de exigências que nos impomos a nós mesmos para estarmos seguros de que estamos agradando a Deus. Quando Paulo diz que já somos maiores, quer dizer que já nos relacionamos com o próprio Cristo, e não há por que nos assoberbarmos com outras exigências além daquelas essenciais ao cristianismo, como o serviço e a partilha — a vida daqueles que são realmente filhos de Deus.

Criamos para nós mesmos essas obrigações porque queremos ter o controle e a garantia da aceitação de Deus. João já havia nos alertado para o fato de que Deus espera pelos verdadeiros adoradores, aqueles que O adorarão em espírito e verdade (Jo. 4:23), não aqueles que O provocam com suas vãs tentativas de manipulação a fim de obterem a realização seus desejos, por mais obscuros ou benfazejos que sejam, mas os que amam a Deus porque Ele é o que há de mais digno para se amar, aqueles que O amam por simplesmente amá-lo, capazes de amar por amar, amar sem por que nem para quê.

Poucos são aqueles que conseguem doar-se sem receber nada em troca como recompensa ou retribuição pela doação, e isto é humano, demasiadamente humano. Mas Paulo já havia estado entre os gálatas, já os vira viver na gratuidade. E sentia imensamente por esse retrocesso.

Capítulo 3
Maturidade antropológica e vida eclesial
(Rm. 7: 1-25)

A *Carta aos Romanos* é a menos controversa e a mais importante das principais cartas neotestamentárias (Hawthorne, Martin & Reid, 2008, p. 1009). É a menos controversa porque não traz muitos problemas no que tange à sua autoria, época e local onde foi escrita. Por outro lado, é importante por tratar-se da primeira declaração teológica, o primeiro tratado teológico bem desenvolvido por um escritor cristão que chegou até nós, e exerceu uma enorme influência sobre os cristãos de todas as épocas.

Por muito tempo essa carta foi tratada como uma obra sistemática de teologia, como um compêndio de doutrina cristã. No entanto, as pesquisas exegéticas atuais demonstram que a carta, tal como as outras de autoria paulina, está relacionada aos problemas específicos vivenciados por Paulo no processo de evangelização das diversas comunidades, e que o conteúdo dessas cartas traz soluções e reflexões teóricas referentes a essas questões específicas. Trata-se de uma teologia sistematizada a partir de problemas teológicos pastorais (Hawthorne, Martin & Reid, 2008, p. 1105).

Nesse contexto, o capítulo sete da *Carta aos Romanos* não é somente um dos mais discutidos de toda a carta, mas também aquele que até hoje recebeu as mais distintas interpretações ao longo dos anos (Lyonnet, 2003, p. 203) e que tem exercido influência determinante sobre uma gama de posições dogmáticas, dentre elas o problema antropológico.

Esta questão é decisiva para a reflexão eclesiológica, pois o modo de se compreender o drama humano leva inexoravelmente aos modos possíveis de relacionamento inter-humano na vida social e eclesial. Sendo assim, o objetivo específico deste capítulo é apresentar a hermenêutica de Juan Luis Segundo para a perícope Rm. 7:14-25, conforme aparece no livro *El Hombre de Hoy ante Jesús de Nazareth* (Segundo, 1982, pp. 475-498).

Tradução, análise morfológica dos versículos e comentário exegético[13]

Rm. 7:14
Οἴδαμεν γὰρ ὅτι ὁ νόμος πνευματικός ἐστιν, ἐγὼ δὲ σάρκινός εἰμι πεπραμένος ὑπὸ τὴν ἁμαρτίαν.
Sabemos, pois, que a lei é pneumática, mas eu sou carnal vendido ao pecado.

Οἴδαμεν — primeira pessoa do plural do perfeito ativo do indicativo do verbo οἶδα, saber. O perfeito é um tempo com uma importante peculiaridade no que tange ao aspecto verbal: a ação é conclusa e mantém um rebatimento no presente. Neste sentido, quando Paulo afirma que sabemos, ele quer dizer que está sabido, e que não há a menor dúvida a respeito disso também no futuro.

πεπραμένος — particípio perfeito passivo do verbo πιπράσκω, vender, negociar. É importante ressaltar aqui que o verbo está no perfeito passivo. Apesar de ser um particípio, não

---
[13] Tradução nossa. O texto grego BNT foi extraído do Bible Works 9, de 2012.

deixa de ser perfeito, logo a ação à qual o verbo se remete está concluída. No entanto, maior destaque deve ser dado ao fato de ele estar na voz passiva. O que isso significa? Que o "eu", ou seja, Paulo, que aqui está representando a humanidade inteira, não é o agente, mas sim, o paciente da ação. É importante destacar, que, segundo Paulo, não fomos nós que nos vendemos ao pecado. Fomos vendidos e estamos vendidos (uma ação conclusa tem rebatimento no futuro, portanto, hodiernamente). Somos, portanto, passivos nessa situação estrutural. A partir da análise da língua grega podemos perceber que não somos os responsáveis pela venda ao pecado.

πνευματικός — adjetivo triforme no masculino. Preferimos traduzi-lo através da transliteração, já que há esta possibilidade na língua portuguesa, não só para manter uma tradução mais literal, mas principalmente, para fugir do termo "espiritual", cujo desgaste ao longo da tradição ocidental é evidente.

A partir deste versículo, Paulo escreverá os verbos principais no presente do indicativo e na primeira pessoa do singular (eu). O presente é um tempo cujo aspecto verbal na língua grega é aquele da duração, da permanência, da habitualidade. Logo, ao fazer uso abundante desse tempo verbal, Paulo quer frisar que o problema que ele problematiza está e continuará ocorrendo. Sempre que o lemos novamente, ele está vigendo. Por fim, devemos lembrar que o indicativo é o modo do real, da realidade; o modo subjuntivo, ao contrário, é o modo da hipótese, e o imperativo o modo da ordem ou da súplica. Com isso podemos afirmar que Paulo está tratando da realidade mais candente da vida humana, e que está ocorrendo no modo do real.

Rm. 7:15
ὃ γὰρ κατεργάζομαι οὐ γινώσκω· οὐ γὰρ ὃ θέλω τοῦτο πράσσω, ἀλλ' ὃ μισῶ τοῦτο ποιῶ.

pois não me alcança entender: não cumpro algo que quero, mas produzo algo que odeio.

κατεργάζομαι — primeira pessoa do singular do presente médio (reflexivo) do indicativo do verbo depoente κατεργάζομαι, alcançar, atingir, provocar.

Rm. 7:16
εἰ δὲ ὃ οὐ θέλω τοῦτο ποιῶ, σύμφημι τῷ νόμῳ ὅτι καλός.
mas se produzo algo que não quero, estou de acordo que a lei é bela.

σύμφημι — primeira pessoa do singular do presente ativo do indicativo do verbo atemático συμφωνῶ, concordar, estar de acordo.

καλός — adjetivo triforme no masculino. É importante frisar que muitos o traduzem por bom. No entanto, a palavra grega que se traduz por bom é ἀγαθός. A cultura grega visava sempre a harmonia e, portanto, mesmo na língua da *koiné*, o que era bom era, necessariamente, belo. Daí muitos traduzirem a palavra καλός que significa explicitamente "belo", por "bom".

Rm. 7:17
νυνὶ δὲ οὐκέτι ἐγὼ κατεργάζομαι αὐτὸ ἀλλὰ ἡ οἰκοῦσα ἐν ἐμοὶ ἁμαρτία.
Mas agora eu não provoco algo, e sim o pecado que habita em mim.

νυνὶ — advérbio, forma enfática de νῦν, agora.

Rm. 7:18
Οἶδα γὰρ ὅτι οὐκ οἰκεῖ ἐν ἐμοί, τοῦτ' ἔστιν ἐν τῇ σαρκί μου, ἀγαθόν· τὸ γὰρ θέλειν παράκειταί μοι, τὸ δὲ κατεργάζεσθαι τὸ καλὸν οὔ·
Eu sei que não habita em mim, algo está na minha carne, pois querer o bem está em minhas mãos, mas alcançar o belo, não.

παράκειταί — terceira pessoa do singular do presente passivo do indicativo do verbo παράκειμαι, estar à mão; faz-se mister ressaltar que o verbo está na voz passiva. O "estar à mão", o "querer o bem" não é uma conquista humana, já que o pronome pessoal "eu" é paciente nesta ação.

Rm. 7:19
οὐ γὰρ ὃ θέλω ποιῶ ἀγαθόν, ἀλλὰ ὃ οὐ θέλω κακὸν τοῦτο πράσσω.
pois, não produzo o bem que quero, mas pratico o mal que não quero.

ποιῶ — primeira pessoa do singular do presente ativo do indicativo verbo contrato *ποιέω*, fabricar, produzir, fazer. Costuma ser usado no sentido de objetos de construção e obras de arte, diz respeito à organização de formas. Presente em Platão, onde o demiurgo produz o mundo a partir da matéria sem forma. No grego da *koiné* ainda permanece a ideia de produzir algo na realidade (Chantraine, 1999, pp. 922-923). Ao escolher este verbo, o autor bíblico provavelmente estava querendo frisar que não traz à luz, não traz à realidade, não faz aparecer o bem que quer, que almeja.

θέλω — primeira pessoa do singular do presente ativo do verbo *θέλω*, querer. É importante distinguir o verbo *θέλω* (querer) do verbo *επιθυμώ* (desejar), conforme explicitaremos mais abaixo.

Rm. 7:20
εἰ δὲ ὃ οὐ θέλω ἐγὼ τοῦτο ποιῶ, οὐκέτι ἐγὼ κατεργάζομαι αὐτὸ ἀλλὰ ἡ οἰκοῦσα ἐν ἐμοὶ ἁμαρτία.
mas se eu produzo algo que não quero, não sou mais eu que o provoco, mas o pecado que habita em mim.

οὐκέτι – advérbio: não mais, não novamente.

Rm. 7:21
εὑρίσκω ἄρα τὸν νόμον, τῷ θέλοντι ἐμοὶ ποιεῖν τὸ καλόν, ὅτι ἐμοὶ τὸ κακὸν παράκειται
Deparo, pois, com esta lei: em mim, querente de fazer o bem, só o mal está ao meu alcance.

θέλοντι — particípio presente ativo dativo masculino singular do verbo θέλω. Como o verbo está no presente, cujo aspecto verbal é o durativo, podemos traduzir pelo termo "querente", o "que quer" ou o "que está querendo" em mim, como diz Paulo: aquilo que está querendo em mim.

Rm. 7:22
συνήδομαι γὰρ τῷ νόμῳ τοῦ θεοῦ κατὰ τὸν ἔσω ἄνθρωπον,
Concordo com a lei de Deus segundo o homem de dentro (interior).

ἔσω — advérbio, de dentro, interiormente, internamente.

Rm. 7:23
βλέπω δὲ ἕτερον νόμον ἐν τοῖς μέλεσίν μου ἀντιστρατευόμενον τῷ νόμῳ τοῦ νοός μου καὶ αἰχμαλωτίζοντά με ἐν τῷ νόμῳ τῆς ἁμαρτίας τῷ ὄντι ἐν τοῖς μέλεσίν μου.
Mas vejo outra lei em meus membros que estão em guerra com a lei da minha inteligência e que me deixa preso à lei do pecado que está em meus membros.

βλέπω — primeira pessoa do singular do presente ativo do indicativo do verbo βλέπω, ver; trata-se, porém de um ver *material*, um ver as coisas passíveis de impressionar o órgão sensorial da visão: é um verbo completamente distinto de outro verbo grego, o ὁράω, que é o ver "mental", ou seja, um ver pela inteligência, perceber.

μέλεσίν — dativo neutro plural de *μέλος*, membro do corpo, partes do corpo (braços, pernas etc.).

νοός — genitivo masculino singular de *νοῦς*, palavra específica na língua grega para tratar da faculdade intelectiva do ser humano. Não concordamos com a tradução pela palavra "mente", porque o grego sequer dava esta conotação quando usava o termo, desconhecia por completo este sentido. "Mente" é um conceito de cunho contemporâneo que passa a ser utilizado com a filosofia da mente para diferenciar cérebro (algo material) de mente (algo imaterial). Mesmo na modernidade, o *cogito* era a reflexão, jamais a mente humana. "Mente" é um termo contemporâneo que substitui o grego psique, alma.

Rm. 7:24
Ταλαίπωρος ἐγὼ ἄνθρωπος· τίς με ῥύσεται ἐκ τοῦ σώματος τοῦ θανάτου τούτου;
Desgraçado eu, homem: quem me libertará deste corpo de morte?

Rm. 7:25
χάρις δὲ τῷ θεῷ διὰ Ἰησοῦ Χριστοῦ τοῦ κυρίου ἡμῶν. Ἄρα οὖν αὐτὸς ἐγὼ τῷ μὲν νοΐ δουλεύω νόμῳ θεοῦ τῇ δὲ σαρκὶ νόμῳ ἁμαρτίας.
Mas graças a Deus por Nosso Senhor Jesus Cristo. Então, eu mesmo pela inteligência sirvo à lei de Deus, mas pela carne sirvo a lei do pecado.

Temas desenvolvidos

σάρξ; ψυχή; πνεύμα

Podemos traduzir estes termos gregos por corpo (carne), alma e espírito.
Que diferenciação podemos estabelecer entre eles?

O corpo, na antropologia grega, é a parte do ser humano que pode obrar, isto é, trazer à realidade, à dimensão objetiva da realidade, as aspirações que estão tanto na psique como em seu espírito, ou seja, na dimensão subjetiva.

Já a psique é a parte inteligente do homem, a parte que possibilita a reflexão humana, o pensar humano. Trata-se do homem racional, da faculdade intelectiva, da capacidade de conhecimento. A parte psíquica é aquela incapaz de chegar ao conhecimento de Deus (Mazzarolo, 2008, p. 68), uma vez que ela é capaz de perceber todas as coisas que estão no mundo real — as visíveis, materiais e passíveis de ser apreendidas pelos cinco sentidos (olfato, visão, paladar, tato e audição). Deus é invisível, portanto, não pode ser captado pelos olhos, apenas pela fé.

Conforme Ratzinger:

> Fé, uma forma básica de relacionar-se com o ser, com a existência, com o próprio e com o total da realidade. É a opção de não considerar irreal o que não se pode ver e o que de modo algum pode ser colocado no campo visual (...). Ela representa em qualquer época o risco de aceitar como verdadeira realidade e fundamento aquilo que é invisível por natureza. (Ratzinger, 2011, p. 39)

A dimensão pneumática que traduzimos por "espiritual" não é nenhuma capacidade para se perceber o sobrenatural, de modo algum, mas aquela que está aberta à escuta de Deus, aquela que é capaz de amar, de agir desinteressadamente. O amor não é um sentimento, mas uma dinâmica decisional. Por essa razão, alguém que é espiritual permite que o pneumático que habita nelas opere no mundo, e opta pela ação gratuita, porque imita o Pai. Na verdade, quem possui o Espírito não julga, mas se engaja, se solidariza e se compromete com o outro e com a comunidade (Mazzarolo, 2008, p. 69).

Paulo (1Cor. 2:14) escreve que para o homem psíquico as coisas do espírito são loucuras, porque não seguem a lógica humana, já que estão voltadas à relação com o Pai. Esse horizonte de pré-compreensão pode ser entendido em sua máxima amplitude como um "horizonte transcendental da transcendência", a abertura *a priori* do homem para o ser, para a vigência da verdade, a condição de tornar possível ao ser humano ganhar o seu Ser mais próprio na concretude de sua existência. Trata-se daquilo que é mais constitutivo ao ser humano, aquilo que lhe é primeiro, ou, conforme Karl Rahner, seu *a priori* (Rahner, 2008, p. 46).

Querer e desejar

Desde o grego ático, já estava clara a distinção entre querer — θέλω — e desejar — επιθυμώ. O termo grego θυμός quer dizer "ímpeto, impulso, tônus, vigor, vitalidade". A preposição ἐπί que dizer "sobre", e serve de prefixo ao termo, demonstrando assim que o desejo ocorre quando uma força maior se sobrepõe ao ímpeto, ao vigor natural de cada ser humano, cegando o portador de tal disposição de humor. Muitas vezes, devido à intensidade, ele pode desviar completamente uma pessoa de seu rumo anterior.

O querer, porém, é muito diferente: trata-se da vontade, que é sempre consciente, enquanto o desejo é sempre inconsciente. A vontade tem o seu lugar no ser humano se, e somente se existe a vigência tanto do ímpeto quanto da consciência.

Provavelmente, é por este motivo que Paulo usa o verbo querer — θέλω —, pois a tese que ele defende é a de que o querer humano está sempre voltado para o bem. Outra coisa completamente distinta é praticar o querer, isto é, trazê-lo à cena, fazê-lo sair da interioridade, da dimensão da subjetividade para a dimensão da objetividade.

Dualismo ou dialética

A oposição entre carnal e espiritual (Rm. 7:14-25) foi

tema de grandes discussões ao longo da história, levando à interpretação dualista de corpo e alma onde a alma era compreendida a partir do primado ontológico sobre o corpo.

Pesquisas exegéticas atuais demonstram que esta interpretação provém de um cunho gnóstico onde o corpo é desprezado, considerado uma espécie de cárcere da alma. Os gnósticos eram seguidores de uma variedade de movimentos religiosos, que ressaltavam a salvação por meio da gnose, isto é, por meio do conhecimento, da faculdade intelectiva (Hawthorne, Martin & Reid, 2008, p. 602).

Defendemos, porém, a hipótese de que o pensamento dualista, no sentido gnóstico do termo, não coaduna com o pensamento paulino, pois para Paulo o corpo forma uma unidade consigo mesmo, com os outros corpos e com Cristo. Além disso, foi exatamente em matéria corporal que Jesus manifestou a sua graça ao cego, ao coxo, ao paralítico, ao morto. Outrossim, a vigência da consciência não é suficiente para que o querer humano opere na realidade: é necessária a força do espírito.

Acrescente-se a isso o fato de que Paulo afirma (2Cor. 4:7-11): "temos, pois, esse tesouro em vasos de argila a fim de que a superabundância do poder seja de Deus e não de nós". Há ainda outras referências afirmando que "a centelha divina e eterna em nós está num vaso de barro" (Gn. 2:7). O problema reaparece em Romanos (Rm. 7:14-25), onde Paulo deixa claro que não produzimos o que queremos, mas sim o que não queremos, pois, apesar de querermos a lei pneumática — a lei de Deus —, por fim provocamos o pecado, e mais, estamos submetidos a ele, somos escravos dele.

A tensão entre homem interior e homem exterior não deve ser vista aqui como um dualismo, mas como uma tensão dialética, dialética não como um mero intercâmbio argumentativo, mas um intercâmbio ontológico (Audi, 2006, pp. 231-232), uma vez que há uma integração dinâmica entre σάρξ e πνεύμα. A dialética contrapõe o espírito à carne, mas sem desprezar a carne, posto que Deus fez-se carne e habitou entre nós.

A luta do homem interior com o exterior começa com

o nascimento e finda com a morte. Neste sentido, a dialética da carne e do espírito perpassa a história dinamicamente, não com o dualismo fixista da gnose. Além disso, cabe ao homem assumir a nova condição humana, que está a serviço da Boa Nova.

Hermenêutica ontológica

Em seu livro *El Hombre de Hoy ante Jesús de Nazareth* (1982), Juan Luis Segundo surpreende por sua capacidade reflexiva ao se aprofundar em questões que aparecem na perícope paulina, mas que não receberam dos exegetas o rigor especulativo necessário — que tanto a temática antropológica quanto a eclesiológica exigem —, principalmente por haver desenvolvido a "lei dos membros" e por haver pensado com tanta profundidade o ser humano a partir de Paulo.

Apresentaremos as reflexões que mais chamaram nossa atenção e que auxiliam no processo de mudança da imagem que temos, tanto do homem, como de Deus (Mardones, 2006, pp. 1-34). Toda imagem formada de Deus tem como fundamento uma antropologia e vice-versa; e mais, toda e qualquer eclesiologia também depende de ambas.

Com clareza antropológica e eclesiológica, Juan Luis Segundo reafirma, a partir da perícope paulina, o quão pouco pode a condição humana, e a consciência, o saber que com o batismo não estamos, automaticamente, livres da lei, do pecado e da morte, de que o batismo não é algo mágico. Eis aqui a maturidade antropológica: o reconhecimento da fraqueza humana (Segundo, 1982, pp. 476-477). Ainda segundo o autor, o anseio maior de Paulo ao escrever esta perícope era o de, tão somente, levar o ser humano a se humanizar, a compreender suas próprias idiossincrasias, a, enfim, amadurecer (Segundo, 1982, pp. 478).

Outra constatação extremamente importante do autor é aquela de que o cristão é um Ser dividido (Segundo, 1982, pp. 479), pois a existência humana é regida por dois mecanismos opostos, por duas leis, pela dicotomia entre o eu e o que habita em mim, o pecado, o mal, entre o homem interior e a Lei dos Membros.

Basicamente, essa realidade humana dividida está centrada no fato de que na intimidade do homem, em seu centro mais autêntico, ele quer se manter no seguimento de Jesus, quer realizar o plano de amor do Pai para toda a criação. Porém, no momento do obrar, no momento da ação, forças impessoais se apoderam da atuação humana (Segundo, 1982, pp. 481). Trata-se da distância que há entre a intenção e a realização, ou seja, a consecução, que é arrastada pelos grilhões da impessoalidade que se antepõem ao querer pneumático do homem.

Juan Luis Segundo interpreta como estrutural essa condição humana — homem dividido —, e se detém no exame da Lei dos Membros:

> Lei dos Membros é a condição humana de renunciar, sem dar-se conta, autoenganando-se, a seus projetos mais íntimos, e justificar-se diante de si mesmo e diante dos outros e deixar-se levar pela lei do menor esforço. Nossa psique, com seus mecanismos congênitos e adquiridos, nossa sociedade com suas ideologias, prejuízos e costumes; mesmo a Lei revelada como autoridade psicossocial, exterior, tudo isso vige na mesma categoria da Lei dos Membros. (Segundo, 1982, pp. 490-491)

O autor consegue penetrar profundamente em sua compreensão da Lei. Nessa passagem, Juan Luis Segundo, com sua inteligência aguçada, não só entende o que é a Lei dos Membros, como especifica esses membros de modo hermenêutico, isto é, realiza o projeto interpretativo que expressa o que são esses membros nas categorias contemporâneas.

Não há como escapar da Lei dos Membros e dessa estrutura antropológica dividida, diz Paulo; mas Juan Luis Segundo realiza o projeto de explicitar e, também, de explicar o que tais membros significam hodiernamente falando. Assim, os cristãos e todo e qualquer ser humano podem vir a ganhar em maturidade.

    Então, conforme Segundo, o que são os membros? São parte de um corpo impessoal. Mas o que é o impessoal? Para melhor entender este conceito, faz-se mister adentrarmos o pensamento de Martin Heidegger, filósofo contemporâneo que se dedicou integralmente a esta temática em seu livro *Ser e Tempo* (1927/ 2009).

    O impessoal marca uma totalidade indiferenciada. Em espanhol e em português é o "a gente" — todos e ninguém ao mesmo tempo. A palavra alemã *Man* exprime, por sua vez, uma impessoalidade em que ocorre uma despersonalização da pessoa, ou seja, uma perda do vigor inicial. Isto ocorre por não sermos únicos no mundo. Somos sempre um, envolvidos por todos.

    Heidegger afirma que a estrutura fundamental do ser humano é o "estar-com" [*Mitsein*]. Não vivemos sozinhos. Não existe na realidade uma história efetiva como a de Robinson Crusoé ou a do Menino Mogli, que viviam sozinhos ou na companhia exclusiva de animais. O fato de sermos um no meio de muitos introduz a luta entre autenticidade e inautenticidade, entre pessoalidade e impessoalidade, entre ser original e ser mais um no meio da multidão (Heidegger, 1927/ 2009, pp. 170-188).

    Quando Juan Luis Segundo interpreta e afirma que a consecução do querer espiritual se perde na realização por causa da Lei dos Membros (Rm. 7:14-15), elaboramos a hipótese de que isto ocorre exatamente pelo fato de sermos influenciados pelas pessoas com as quais convivemos. Mas não é somente isso; Heidegger afirma que esta impessoalidade está fora de nós, mas também dentro, já que se trata da estrutura mais fundamental do ser humano, tal como afirmam também Juan Luis Segundo e Paulo (Rm. 7:20-23), pelo simples fato de que a Lei dos Membros está inscrita em nossa carne. Por isso, em termos paulinos, nos deixamos influenciar, e não produzimos o bem que queremos: porque o todo impessoal não está apenas fora de nós, mas também está inscrito em nós. Esta é a Lei dos Membros.

São estes os membros elencados por Juan Luis Segundo em sua hermenêutica: a) a lei do menor esforço, porque somos um lutando com o todo dentro de nós; b) a nossa vida psíquica, seja de origem hereditária ou adquirida, abarcando toda a série de problemas de estrutura psíquica (neurótica, psicótica, perversa), tais como bipolaridade, depressão, psicopatia, TDAH, entre outros; c) a ideologia, visão de mundo de um grupo específico que tenta impô-la aos outros visando um fim específico, quase sempre o benefícios de grupos sociais específicos; d) a visão de mundo, produção de ideias resultante da convivência social, que varia de tempo e lugar; nela estão presentes as interpretações da vida e da realidade, o dever-ser, o moralismo em todos os níveis, econômico, social, sexual; e, por fim; e) a Lei, revelada como autoridade exterior psicossocial, que diz respeito às estruturas de poder que visam a manutenção do *status quo* dominante. A Lei dos Membros é, então, a diminuição da liberdade de realização humana nos vários níveis.

Conclusão

Pelo fato de nos informar que o problema fundamental da divisão entre querer e realizar é algo estrutural no ser humano, e, portanto, ontológico, a maturidade antropológica à qual somos chamados a partir da conscientização do conteúdo desta perícope nos ajuda a optar preferencialmente pela misericórdia, em detrimento do ajuizamento dos outros.

Esta compreensão da condição estrutural humana é fundamental na vida da Igreja. O espírito da Igreja se encontra em seu nascedouro, no sangue e água derramados na cruz por Jesus Cristo e pela etapa da vinda do Espírito Santo no meio dos discípulos de Jesus.

O espírito da Igreja, hoje, está em todos aqueles que aderem ao projeto de Deus, ao projeto de uma vida de serviço, de comunhão e unidade. Os textos do magistério são profícuos em frisar o espírito da Igreja.

No entanto, frequentemente nos encontramos criticando a defasagem entre o projeto de Igreja e sua efetiva realização. Na verdade, quando há crítica, no fundo há uma compreensão errônea de quem é o ser humano. Quando criticamos, abordamos o problema sob o ponto de vista moral, ou seja, como se ele estivesse circunscrito ao querer e agisse conforme seu querer. Em nosso estudo, vimos que não se trata de uma questão moral, mas sim de uma questão de ordem ontológica, ou seja, um problema da estrutura ontológica do ser humano. É a condição humana, é assim que nós somos.

A atitude de misericórdia é contrária à crítica. Ela supõe um amor esclarecido, um amor maduro, proveniente de um ser humano maduro. Conforme Segundo:

> (...) só os projetos que assumam em sua realização a resistência própria do amor, constituirão um serviço definitivo ao plano de Deus. Só um amor criador, que luta de maneira realista, esperando contra toda esperança, terá acesso definitivo. (Segundo, 1982, pp. 497)

Por outro lado, o reconhecimento da nossa fragilidade, de que não somos capazes de realizar o que queremos, é exatamente a porta de entrada para que o homem entregue os resultados de sua obra ao querer de Deus — o ser útil para. Ainda que nossas obras sejam diminutas, é mister que estejam em comunhão com toda a Igreja e com o projeto de Deus.

Capítulo 4
Fenomenologia do mal e da humildade
(Mc. 1:23-28)

Cafarnaum e a sinagoga

Cafarnaum era uma cidade importante na época de Jesus, localizada na margem noroeste do mar da Galileia. Pode ter havido ali uma guarnição do exército, e foi o lar de Jesus enquanto esteve ensinando na Galileia. Mateus vivia lá também, bem como um oficial do exército romano cujo servo foi curado por Jesus (Drane, 2009, p. 292).

A cidade gozava de uma situação privilegiada, graças a seus recursos econômicos advindos da pesca, agricultura, indústria e comércio. Diz-se que era um próspero centro comercial e serviu de entreposto para as regiões norte e leste da Galileia (McKenzie, 2011, pp. 120-121). Cafarnaum é citada diretamente nos Evangelhos 16 vezes, sendo 5 em João, 4 em Lucas, 4 em Mateus e 3 em Marcos.

Uma dessas citações (Mc. 2:14) nos permite supor que a cidade era também um "centro coletor de impostos", talvez um "posto alfandegário" (Mt. 9:9; Lc. 5:27). Segundo Mateus, Jesus abandonou Nazaré e foi viver em Cafarnaum (Mt. 4:13), cujo povo passou a ser, em certo aspecto, "seu próprio povo" (Mt. 9:1). "Se Jesus foi criado em Nazaré, escolheu Cafarnaum como sua própria cidade" (Mc. 2:1).

A sinagoga, por sua vez, surgiu em consequência da destruição do Templo de Jerusalém em 587 a.C. e da dispersão dos judeus para fora da Palestina. Tendo-se tornado impossível o culto centrado no ritual do Templo, a sinagoga se organizou como uma substituição, para manter a unidade judaica na fé e no culto. As sinagogas mais antigas de que se tem notícia eram, sem dúvida, reuniões privadas em casas particulares (McKenzie, 2011, p. 805).

A sinagoga não era, como o Templo, a casa onde habitava a divindade, e sim uma casa de encontro para a oração e o estudo da lei. Era uma organização leiga, e quando o sacerdote estava presente não se distinguia dos demais membros da comunidade, a não ser pelas atenções que lhe eram dirigidas.

A sinagoga foi também de vital importância na origem e crescimento do cristianismo; Jesus realmente a frequentava, e fez dela um dos lugares onde ensinava (Mt. 4:23; Mc. 1:39; Lc. 4:15 & Jo. 18:20). Seu ensinamento começava com a leitura da Bíblia, e a homilia lhe dava a oportunidade de anunciar o Evangelho.

De notáveis dimensões, a sinagoga de Cafarnaum chamava a atenção por ser construída quase inteiramente com blocos quadrados de pedra branca e cinza, diferente das casas particulares, que eram construídas com pedras escuras de basalto. Ao que parece esses blocos eram trazidos de longe, e seu peso podia chegar, em alguns casos, a quatro toneladas (McKenzie, 2011, p. 806).

Judaísmo e o mal

O povo de Israel se originou das muitas tribos existentes na antiga Mesopotâmia, e, portanto, herdou naturalmente um sistema de crenças religiosas estreitamente ligadas ao conjunto de mitos e práticas hieráticas existentes naquela região.

Luigi Schiavo (1999) considera que, se a crença no mal fazia parte desde sempre da teologia de Israel, sobretudo da religiosidade popular, ela se expandiu no judaísmo tardio. Ressalta ainda que o demônio como "figura independente do mal é difícil de ser identificado no Antigo Testamento, por ser fruto de uma grande mistura cultural, com influências da magia, da religiosidade popular, do ritualismo oficial, do simbolismo poético" (Schiavo, 1999, p. 133).

Stanford considera que "a ele [diabo] são creditados alguns antepassados nas antigas civilizações do Oriente Próximo (...); não há um começo relevante capaz de explicar sua proeminência e todos os seus poderes, mas a sua proximidade com outros deuses não deve ser ignorada" (Stanford, 2003, p. 25). Ao que parece as antigas civilizações tendiam a ver "bem e mal" como duas faces de uma mesma divindade.

De fato, é possível se verificar nos textos mais antigos, anteriores ao exílio babilônico (séc. VI a.C.), quando o conceito de "diabo" era ainda inexistente, que aquilo que nas religiões pagãs é considerado como vindo das potências demoníacas é atribuído diretamente a IHWH, único autor do bem e do mal. Se houvesse alguma manifestação do mal só poderia vir dele, pois só havia ele: "Assim saberão, do Oriente ao Ocidente, que não há outro fora de mim. Eu é que sou o SENHOR. Não há outro" (Is. 45:6). O vulto diabólico do Senhor manifesta-se particularmente nos episódios ligados à libertação de seu povo da escravidão egípcia, nos quais IHWH aparece sob o aspecto tipicamente satânico do tentador.

Esse Deus, "tido como único responsável pelos males existentes no mundo, era apresentado com traços mais diabólicos do que divinos [ou, pelo menos, tão diabólicos quanto divinos]" (Maggi, 2003, p. 18); conforme Deuteronômio, entre as ameaças nefastas de maldição, Ele "se alegrará em vos fazer perecer e vos destruir" (Dt. 28:63). Em Lamentações encontramos a seguinte questão retórica: "Acaso não procede do Altíssimo assim o mal como o bem?" (Lm. 3:38).

Para o judaísmo tardio, a singularidade e transcendência de IHWH já haviam sido aceitas como básicas, incorporadas ao conceito de Deus. Menos repetidamente no Antigo Testamento do que nos livros deuterocanônicos ou não canônicos do judaísmo, encontramos referências à singularidade de IHWH, que correspondia a uma nova compreensão da realeza de Deus (cf. Ml. 1:14 & Sl. 103:19, 145:1-3). Em face dessa visão da realeza divina, a transcendência de Deus era vista como distante. Todavia, a área entre IHWH e os homens estava longe de ser "vazia", pois "estava ocupada pelo mundo intermediário dos anjos, que constituía um elo entre o Deus distante e o homem" (Fohrer, 1983, p. 466).

O Deutero-Isaías, como Israel no período dos reis, ainda acreditava que o bem e o mal vinham de IHWH, o criador da luz e das trevas, da paz e da tribulação (Is. 45:7). Aos poucos, os homens se convenceram-se de que IHWH poderia fazer apenas o bem, e de que o mal, em face disso, teria uma origem diferente. "Essa origem era vista como sendo incorporada a Satã, antagonista de IHWH" (Fohrer, 1983, p. 467).

Fohrer (1983, p. 468) lembra que "no começo do período pós-exílio encontramos as primeiras menções a Satã, mas como parte do mundo de IHWH, um membro da corte celestial (Zc. 3:1 & Jó. 1:6, 2:1) que aparece com outros membros diante de IHWH para uma audiência, apresenta-lhe um relatório e recebe instruções de Deus. Satã assemelha-se a uma espécie de promotor público, que aponta os erros dos homens, segundo o modelo das cortes reais do Antigo Oriente.

Embora os inimigos externos de Israel fossem considerados seres sobre-humanos, tais seres eram vistos, em geral, como animalescos e monstruosos. Todavia, as imagens mitológicas escolhidas para descrever a luta contra compatriotas judeus não eram grotescas, mas com "mais frequência identificavam seus inimigos judeus com um membro importante, ainda que traiçoeiro, da corte divina, a quem chamavam de o Satanás (Pagels, 1996, p. 65).

"Em hebraico, os anjos eram quase sempre chamados 'filhos de Deus' (*bene elohim*) e imaginados como formando as fileiras hierárquicas de um grande exército, ou como membros de uma corte real" (Pagels, 1996, p. 66), recorda Pagels. Os anjos eram enviados para cumprir uma missão específica, autorizada e permitida por Deus, embora isso pudesse não ser apreciado pelos seres humanos. Satanás não era necessariamente maligno, mas enviado para determinadas tarefas, ainda que incomuns, assim como no relato de Êxodo o anjo da Morte fora enviado para matar os primogênitos do Egito.

Na verdade, os judeus não possuíam uma demonologia definida. Não há no Antigo Testamento uma ideia clara sobre a queda do anjo, o que há são sentenças originalmente dirigidas a reis, que mais tarde foram atribuídas à queda de Satanás. Uma dessas sentenças remonta à descrição que faz Isaías da queda de um grande príncipe (Is.14:12-17).

O Período Persa e os demônios

As definições dualistas e as concepções do mal, bem como as ideias acerca de anjos e demônios, são resultado de um conjunto de tradições antigas. Johann Maier acredita que "a cenografia das cortes soberanas influenciou nas representações de Deus do mundo celestial, e é possível que a corte persa com seu cerimonial característico fornecesse a orientação decisiva" (Maier, 1996, p. 37). Luigi Schiavo faz uma considerável reflexão acerca das mudanças na visão do mundo celestial no pós-exílio:

> No pós-exílio muda o conceito de mal: o contato com os grandes impérios mesopotâmicos, a organização piramidal de sua corte, seu fausto, sua religião cósmico-astral, seus mitos etc. impressionaram bastante os olhos dos judeus que para lá foram deportados. Deus é imaginado dentro de um panteão, em companhia de muitos seres divinos; e "jogado" sempre mais para cima, para o céu, longe da humanidade. E quanto mais distante, mais poderoso. O homem se torna pequeno diante de tanta magnitude: não é mais livre, responsável pelos seus atos, mas dependente de uma lei e de seres superiores.

> Tudo está determinado e também o mal, personificado num ser vivo — *Satanás* — que desenvolve papéis de acusador e espião dos homens, chegando a induzi-los ao pecado, até ser considerado o adversário e o inimigo de Deus. Os destinos da humanidade sempre mais dependem do céu. (Schiavo, 2000, p. 72)

Desse modo, os indícios são de que a mitologia persa exerceu uma influência significativa no modo de pensar o mal nas religiões antigas. A Pérsia tem vinte e cinco séculos de história e vários povos. Por outro lado, a crença de Zoroastro aponta para duas forças fundamentalmente opostas atuando no universo — uma do bem e a outra do mal. Em seus hinos, Zoroastro parece assumir que estava familiarizado com um mito em que este dualismo é elencado na forma de dois espíritos opostos.

Segundo os ensinamentos de Zoroastro, havia um Ser supremo. Todavia, esse Ser supremo havia criado outros dois seres poderosos, com os quais pretendia dividir sua própria natureza até o ponto que lhe parecia conveniente. Ormuz (chamado pelos gregos Oromasdes), considerado um ser bom e a fonte de todo bem, permaneceu fiel ao seu criador. Arimã (Arimanes), por sua vez, é o autor de todo mal que há na Terra, porque rebelou-se contra seu criador. Ormuz criou o homem e deu-lhe todos os recursos para ser feliz, mas Arimã frustrou essa felicidade, introduzindo o mal no mundo e criando as feras, plantas e répteis venenosos. Lamas (1973, p. 41) salienta que no mundo persa bem e mal eram bem definidos por seu próprio antagonismo: "deus era o antidemônio; e o demônio era o antideus".

As forças do bem são regidas por Ormuz: "Ele era, é e será; em outras palavras, ele é eterno, mas no presente tempo ele não é onipotente porque está limitado por seu arqui-inimigo, o Espírito Mau". Para a imaginação persa, sob a influência do zoroastrismo, Ormuz é ainda todo perfeito e não era associado ao mal. Por isso, não é de se estranhar que condene o Deus descrito no AT como mau, por permitir a criação do mal, e, posteriormente, fazer até mesmo o seu próprio filho sofrer. O sofrimento é considerado "do mal", e de Deus só pode vir alegria, prazer, luz, vida, beleza e saúde.

Segundo os estudiosos, embora os textos persas deixem o leitor sem nenhuma dúvida acerca da natureza horrível e vil do mundo demoníaco, este raramente é descrito em termos tão claros como o mundo divino. "*Angra Mainyu*, ou *Ahriman*, como seu nome aparece no dialeto médio-persa, é o líder de hostes demoníacas. (...) Ele é demônio de demônios, e mora em um abismo de trevas infinitas no Norte, a casa tradicional dos demônios (Hinnels, 1973, p. 54).

Parece que antes de se tornar o espírito do mal Arimã teria sido um deus subterrâneo, pois foram encontradas "nos templos mitríacos, que eram, de preferência, em grutas ou cavernas, dedicatórias ao *Deo Arimanio*" (Lamas, 1973, p. 143). Isso se aproxima consideravelmente da crença hebraica de que Satanás antes fora um querubim da guarda celestial, perfeito e formoso (Ez. 28:12-19; Is. 14:12-15).

Também era vista como demoníaca toda tendência dos seres humanos que levasse à transgressão de alguma ordem — como a ira, a inveja e a preguiça. Considerava-se igualmente atuação demoníaca tudo o que assaltava o corpo humano, como a doença, a fome, a sede e até mesmo a velhice. A morte era imaginada como o triunfo de demônios.

O helenismo

O domínio grego, que se deu a partir de 323 a.C., exerceu forte pressão cultural no mundo oriental, que sinalizava uma tendência à globalização social e econômica por uma imposição geral de costumes e tradições. "As transformações políticas, sociais e econômicas do mundo oriental apresentam, como se pode supor, profundas repercussões na vida religiosa" (Petit, 1987, p. 63).

Nos anos que se seguiram ao retorno dos judeus do exílio, tanto o pensamento quanto o comportamento social desse povo foram influenciados pela Grécia, particularmente nas classes mais altas, que passaram a adotar atitudes helenizadas visando se colocar acima das massas. Ao que parece, a princípio, o helenismo estivera bem difundido entre as elites.

> Era um fenômeno que se manifestou também muito mais nas metrópoles do que no interior (...). Mas, com o tempo, ninguém podia se subtrair à influência de uma helenização generalizada. (...) Em toda parte viviam judeus na tensão causada pela ligação ao Deus *único* e à Torá, de um lado, e pelo ambiente não-judeu politeísta, de outro. (Tilly, 2005, p. 16).

O desenvolvimento religioso no quadro social do povo judaico nesse período é marcado pela formação dessas tendências partidárias. "No todo, sobrepõem-se aqui tendências de delimitação para preservação da identidade e de renovação religiosa da sociedade judaica àquelas de retirada frente às suas crises (Stegemann & Stegemann, 2005, p. 165).

As especulações escatológicas e apocalípticas se desenvolvem sob o impulso da observação da oscilação dos astros. Um fatalismo astral torna-se instrumento para explicar o destino: "O homem não apenas se sente solidário aos ritmos cósmicos, mas também descobre que é *determinado* pelos movimentos das estrelas (Eliade, 1979, p. 43). Somente escapavam a concepção pessimista alguns que possuíam a convicção de que certos seres divinos são independentes do destino e de que lhe são mesmo superiores.

Uma coletânea de textos denominada "literatura hermética", que reflete o sincretismo judeu-egípcio, constitui importante fonte de informação acerca da religiosidade no mundo helenista. Tais textos foram redigidos entre o século III a.C. e o século III d.C., e podem-se distinguir duas categorias: o chamado *hermetismo popular* (astrologia, magia, ciências ocultas, alquimia) e a literatura hermética erudita, o *Corpus Hermeticum* (17 tratados).

Ambos são tidos como revelados por Hermes Trismegisto (Eliade, 1979, p. 161); cronologicamente, os textos do hermetismo popular são mais antigos, e exerceram um papel importante na época imperial, pois em meio ao terror da Onipotência do Destino, esses textos revelavam os "segredos da natureza", graças aos quais o mago se apropriava de suas forças secretas.

Práticas romanas

Politeístas como eram, os romanos não desenvolveram uma mitologia imaginária própria sobre a origem do universo e dos deuses, mas adotaram em grande parte os deuses do panteão e da mitologia gregos, embora tivessem modificado seus nomes. À medida que novas regiões eram conquistadas, também os deuses desses lugares acabavam sendo incorporados à religião romana.

Os romanos tinham a compreensão singular de que tudo está subordinado ao governo e à direção dos deuses, de cujo favor dependiam a saúde e a prosperidade, colheitas fartas e sucesso na guerra. Eram caracterizados pela estrita observância de ritos e cultos. Cumprir fielmente os deveres rituais aos deuses era mais importante do que uma experiência religiosa individual.

Para os romanos, a religião possuía um sentido prático. Seus preceitos religiosos consistiam apenas de diretrizes para a execução correta de rituais; não incorporavam elementos morais, pois seu caráter legalista e conservador contentava-se em cumprir com toda exatidão os ritos tradicionalmente prescritos, organizados como atividades sociais e cívicas. O ceticismo religioso chegou a ser uma atitude predominante na sociedade romana em face das guerras e calamidades, que os deuses, apesar de todas as cerimônias e oferendas, não conseguiam impedir. O historiador Tacitus comentou amargamente que a tarefa dos deuses era castigar, e não salvar o povo romano.

Sua índole prática exaltava o desejo de conquista e domínio político acima da imposição de sua religiosidade aos povos dominados. Ao incorporar ao próprio panteão os deuses dos povos vencidos, os romanos expunham sua política de conquista: por não serem detentores de uma teologia elaborada, dificilmente a religião romana entrava em contradição com as deidades das terras conquistadas, não tendo como impor aos conquistados uma doutrina própria. Desse modo, os valores dominantes na cultura romana não foram o pensamento ou a religião, mas a *retórica* e o *direito*.

Com as crises econômicas e sociais que atingiram o mundo romano, a antiga religião se revelou insuficiente para responder às inquietações espirituais de muitos e, a partir do século III a.C., começaram a se difundir religiões orientais de rico conteúdo mitológico e forte envolvimento pessoal, mediante ritos de iniciação, doutrinas secretas e sacrifícios cruentos. Por tudo isso, parece ser justo pensar que o que mais afetou a Galileia do tempo de Jesus foram as práticas de dominação e opressão do imperialismo romano, e não sua religiosidade.

A tendência apocalíptica também parece ser um interesse marcante dessa época helenística-romana. Stegemann considera que "as medidas de coerção política, econômica e religiosa, cada vez mais militantes, contribuíram decisivamente para a formação do apocalipsismo" (Stegemann & Stegemann, 2005, p. 173).

Horsley pode estar com a razão quando afirma que ainda "não descortinamos até que ponto as ações e o programa de Jesus opunham-se à ordem imperial romana na forma que ela assumira na Palestina" (Horsley, 2004, p. 23). Há quem considere que embora os judeus já estivessem acostumados a situações catastróficas de opressão, a situação sob o jugo romano se apresentava *qualitativamente* nova.

> Unia-se, então, à opressão econômica e cultural-religiosa uma impotência política de fato do povo, que, por justamente estar sendo sofrida na própria terra de Israel e ademais mediada por um estrato superior próprio deficiente, dificultava

extraordinariamente, quando não impedia a possibilidade de retomar os conceitos tradicionais da esperança (Stegemann & Stegemann, 2005, p. 173).

Essa experiência de impotência certamente aumentava o desejo de antecipação da batalha escatológica, onde o bem finalmente venceria as forças opressoras do mal.

Mas como conseguiam os romanos manter tão vultoso Império com extraordinária coerência e estabilidade? Ao que parece, sua estabilidade estava ligada a uma interação categórica entre religião e economia, ou seja, o estabelecimento do culto ao imperador em quase todas as cidades e as extensas pirâmides de relações de patronato.

Cidades inteiras em todo o Império desenvolveram formas de honrar o imperador. Horsley diz que "cidades gregas e ligas de cidades também competiam entre si pelas maiores homenagens a César, criando jogos semestrais e festivais atlético-culturais, com grandes sacrifícios para o imperador (Horsley, 2004, p. 29).

Em muitos templos começavam a aparecer estátuas do imperador ao lado das de deuses tradicionais, e em alguns centros urbanos foram construídos santuários dedicados ao imperador. Éfeso, por exemplo, reconstruiu completamente seu centro urbano como um espaço público orientado especificamente para os templos dedicados ao imperador.

A concepção judaica da figura de Satanás estava concentrada numa relação de subordinação a IHWH, na qual esse Ser desconhecido e invisível não era considerado independente de Deus; ao contrário, servia como instrumento em suas soberanas mãos para disciplinar os homens que não cumpriam sua vontade e testar a fé de outros, como no caso de Jó. Talvez por essa razão Deus era visto numa proximidade maior, como "andando com o povo e entre o povo". Porém, essa afinidade com o divino vai ganhando distância à medida que as ideias acerca do mal vão sendo melhor elaboradas.

A dominação persa parece ter tido uma influência fundamental nesse distanciamento. Com a sistematização dos demônios, o mundo acaba sendo concebido como um lugar cheio de maus espíritos separados e organizados em complexas hierarquias, criando-se a imagem de um espaço intermediário repleto de seres invisíveis — a corte divina. A grandeza, a opulência e o poder da monarquia persa se faziam presentes no imaginário coletivo das pessoas.

Já no período helenista nota-se que as culturas se entrelaçam numa considerável profundidade, e uma camada do judaísmo cede espaço às tradições e culturas de um mundo já em processo de globalização; o marco desse tempo parece ter sido a "fragmentação". Desse modo, o próprio povo deixa de se ver como "um grupo" lutando contra inimigos externos, e passa a se ver como um povo fragmentado, constituído de "fiéis" (às tradições do antigo judaísmo) e "infiéis" (aqueles que cederam aos costumes e práticas dos gentios).

Toda essa conjuntura de conflito fez com que a realidade passasse a ser vista como uma batalha de proporções cósmicas entre os judeus fiéis — que formavam as forças de Deus —, e os estrangeiros helenistas seguidos por judeus traidores — que formavam as forças do mal.

Com sua dominação ambiciosa e cruel, os romanos contribuíram para que os judeus atribuíssem ao reino do mal — Satanás e demônios — tudo o que os mantinha numa situação de opressão e sofrimento. Assim, o desejo de libertação de forças opressoras torna-se crescente, à medida que o caos vai sendo instalado por um poder que oprime o cotidiano de uma sociedade já bastante confusa, em função das circunstâncias adversas que a rodeiam.

Pré-texto

Um homem possuído por um espírito impuro. O judaísmo que aparece em Zacarias (Zc. 13:2)[14] assim designava os de-

---

14 E acontecerá, naquele dia — oráculo de Iahweh dos Exércitos —, que eu

mônios, alheios e mesmo hostis à pureza religiosa e moral que o serviço de Deus requeria.

Vieste para arruinar-nos? Trata-se da viúva de Sarepta, que se dirige a Elias (1Rs. 17:18).[15] Aqui Jesus é de novo comparado a este profeta.

Sei quem tu és: o Santo de Deus. Santo significa consagrado, separado. O espírito impuro reconhece em Jesus o profeta consagrado por Deus em vista de sua missão (Jr. 1:5),[16] graças ao Espírito que ele recebeu (Is. 61:1).

Estrutura do Evangelho de Marcos

A estrutura retórica do autor, sua estratégia de comunicação, é construída dentro do texto através do desenvolvimento da narrativa. Marcos parece ter estruturado o Evangelho em duas grandes partes, com ênfases cristológicas (Boring, 2006, p. 4), mas devemos pensar mais em conexões do que em divisões.

Também os gêneros literários são importantes para a interpretação do Evangelho. Os evangelhos não são biografias, mas exemplos de um novo gênero querigmático vislumbrado por Marcos. Há pontos de contato entre as biografias helenísticas e o que ele escreve, por exemplo, na verdade, uma biografia meio desajeitada, dentro das categorias literárias que já conhecia. Sendo cristológica, a narrativa de Marcos foi composta por um autor (ou autores[17]) que não foi testemunha ocular, não conheceu o Jesus histórico.

---

exterminarei da terra os nomes dos ídolos: eles não serão mais lembrados. Também os profetas e o espírito de impureza eu expulsarei da terra.
15 Então ela disse a Elias: "Que há entre mim e ti, homem de Deus? Vieste à minha casa para reavivar a lembrança de minhas faltas e causar a morte do meu filho?"
16 Antes mesmo de te modelar no ventre materno, eu te conheci; antes que saísses do seio, eu te consagrei. Eu te constituí profeta das nações.
17 De fato, o evangelho foi escrito por uma comunidade denominada "Marcos". Passou por várias mãos, por várias fases de apuração do texto, e levou 300 anos para se configurar como um texto canônico.

Intérpretes têm assumido que o Evangelho é oriundo de uma comunidade cristã, a que os exegetas denominam "comunidade marcana". No entanto, autores como Richard Bauckham afirmam que, mais do que voltado para uma comunidade, o Evangelho de Marcos não estaria limitado a uma comunidade, mas sim, ao movimento cristão dos primórdios. Bauckham (1998, p. 1) utiliza o argumento de que o Evangelho é *bioi* helenístico e que tais documentos não foram escritos para uma comunidade cristã, mas para um público mais amplo. Defende também o argumento de que o cristianismo primitivo não foi composto por uma discreta e isolada comunidade, mas por uma rede de congregações ao longo do mediterrâneo.

Concluindo, podemos dizer que o Evangelho de Marcos foi escrito para uma específica comunidade cristã, mas reflete os problemas, as necessidades e os interesses reconhecidos por uma rede de igrejas. Por outro lado, o Evangelho de Marcos pressupõe leitores conscientes dos elementos essenciais da mensagem cristã. Não é um tratado de apologética, mas inclui a compreensão de Jesus e o discipulado que Marcos considera inadequado e perigoso (Boring, 2006, p. 6).

A respeito dos quatro Evangelhos, podemos dizer que cada evangelista apresenta o início do ministério público de Jesus de modo emblemático, no sentido de pontuar o que será mais significativo na história do seguimento de Jesus (Mateus inicia a vida pública com Jesus interpretando a Torá com autoridade na montanha; para Lucas, ele é o profeta que proclama a aceitação do Senhor (Lc. 4:16-30); e João revela sua glória transformando a água em vinho no casamento (Jo. 2:1-12).

O ensino com autoridade é parte do começo do reino, com sua expulsão dos demônios. Ambos são exercícios, exercícios de liberação: vidas que podem ser controladas por falsas imagens de Deus, como podem ser ancoradas em esperanças e medos que dependem de uma idade que passa (Byrne, 2008, p. 44).

Com o reino, Jesus ensina uma renovação no próprio interior da pessoa, que é levada a se fincar no intuito original do criador para nós, o que contraria o ensinamento regular dos religiosos, dos escribas, porque o ensinamento de Jesus não se apoia numa disputa de interpretação das Escrituras. Jesus, simplesmente, se expressa com a força do Espírito, que diz que é chegada a hora do reinado de Deus.

Crítica Textual

Mc. 1:24

Omanson (2010, p. 59) afirma que a expressão "ἦλθες ἀπολέσαι ἡμᾶς", apesar de ser interrogativa, pode ser também compreendida como uma afirmativa.

Mc 1:27

Segundo Omanson (2010, p. 59), a expressão κατ'ἐξουσίαν pode estar ligada aos termos que vêm antes ou aos que vêm depois. Se estiver associada ao que vem antes, significa "a autoridade de Jesus está ligada ao seu ensino"; se estiver associada ao que vem depois, significa que a autoridade de Jesus está ligada aos maus espíritos.

Texto grego: tradução, análise morfológica dos versículos

Mc 1:23

Καὶ εὐθὺς ἦν ἐν τῇ συναγωγῇ αὐτῶν ἄνθρωπος ἐν πνεύματι ἀκαθάρτῳ, καὶ ἀνέκραξεν

E, logo depois, estava na sinagoga deles um homem com espírito impuro que gritou

αὐτῶν — pronome pessoal, genitivo masculino plural de αὐτὰς; é importante demarcar que Jesus estava na sinagoga deles, era alguém que estava ali de visita. Não era o seu lugar, e sim deles, dos escribas e dos doutores da lei.

ἐν — preposição no dativo singular; o termo ἐν indicando a possessão é um semitismo. A questão lançada pelo homem existe tanto no grego clássico, como no hebraico bíblico (Js. 22:24; Jz. 11:12; 2Sm. 16:10, 19:22 & 1Rs. 17:18): "O que há entre nós?" Demonstra o ataque repentino lançado pelo possuído em direção a Jesus. O uso da primeira pessoal na fala do espírito impuro demonstra que ele é o porta-voz de todos os demônios, mas também de todos os participantes naquela reunião que estava em curso na sinagoga. O epíteto nazareno, origem mais provável do aramaico *nesorai* equivale ao hebraico *nosri*, que designa Jesus na literatura rabínica posterior; mas o sentido deste termo permanece obscuro, mesmo quando o ligamos à raiz hebraica *n s r*.

ἀκαθάρτῳ — adjetivo biforme, dativo neutro singular; como vem precedido por *alpha*, que acena para uma negação, para uma privação, parece que o autor que fazer um paralelo com o que é puro. Talvez por isso, mais à frente, o autor irá antagonizar o impuro, opondo-o ao santo de Deus.

ἀνέκραξεν — terceira pessoa do singular do aoristo ativo do indicativo do verbo ἀνακράζω; o aoristo é o tempo da narrativa, mas também da ação pura, da ação em si mesma. Sendo assim, o grito, o gritar, era o que caracterizava aquele espírito impuro. Ninguém permanece gritando sem um porquê. Supomos, a partir daqui, que naquele momento a dor caracterizava aquele homem possuído pelo espírito impuro. O autor poderia ter feito uso do perfeito e do imperfeito, mas não, preferiu o aoristo. Talvez tenha sido por este motivo.

Mc 1:24
λέγων· τί ἡμῖν καὶ σοί, Ἰησοῦ Ναζαρηνέ; ἦλθες ἀπολέσαι ἡμᾶς; οἶδά σε τίς εἶ, ὁ ἅγιος τοῦ θεοῦ.
dizendo: Que há entre nós e ti, Jesus Nazareno? Tu vieste a fim de nos destruir? Eu sei quem tu és, o santo de Deus.

λέγων — particípio presente ativo do indicativo do verbo λέγω. Quando o espírito impuro grita, ele diz algo ao mesmo tempo, que na verdade é uma pergunta: Que há entre nós e ti, Jesus Nazareno?

ἦλθες — segunda pessoa do singular do aoristo ativo do indicativo do verbo depoente ἔρχομαι. Do mesmo modo que no versículo anterior, aparece novamente aqui a ação pura do aoristo. O autor bíblico quer enfatizar que Jesus veio para destruir o mal.

ἀπολέσαι — infinitivo aoristo ativo indicativo do verbo ἀπόλλυμι; o verbo é a junção da preposição ἀπο com o verbo depoente "insultar". Neste sentido, este verbo é um "insultar diante de"; não se trata aqui de um insultar esgueirado, fugidio, mas sim, de um *a-frontar*, de um enfrentar diante de.

οἶδά — primeira pessoa do singular do perfeito ativo do indicativo do verbo οἶδα; o perfeito é o tempo verbal da ação concluída no passado, mas ainda com rebatimento no presente. Neste sentido, o espírito impuro sabe, e é algo que estará sempre sabido por ele: quem é a pessoa de Jesus.

Mc 1:25
καὶ ἐπετίμησεν αὐτῷ ὁ Ἰησοῦς λέγων· φιμώθητι καὶ ἔξελθε ἐξ αὐτοῦ.
E Jesus o repreendeu dizendo: cala-te e sai dele.

ἐπετίμησεν — terceira pessoa do singular do aoristo ativo indicativo do verbo contrato ἐπιτιμάω: mais uma vez a ação pura de censura em relação ao mal.

φιμώθητι — segunda pessoa do singular do imperativo aoristo passivo do verbo contrato φιμόω. O imperativo é o modo da ordem e o aoristo é aspecto da ação pura; logo, é um "ordenar silenciar", um mandamento constante diante do mal.

ἔξελθε ἐξ — segunda pessoa do singular do imperativo aoristo do verbo depoente ἐξέρχομαι; tem o mesmo significado da palavra anterior, com o agravante de que por duas vezes aparece a preposição *ἐκ*, enfatizando que o encontro com Deus não permite, de forma alguma, a presença do mal. O autor bíblico quer ratificar a ordem de saída do espírito impuro, que deve deixar o homem de qualquer maneira.

Mc 1:26
καὶ σπαράξαν αὐτὸν τὸ πνεῦμα τὸ ἀκάθαρτον καὶ φωνῆσαν φωνῇ μεγάλῃ ἐξῆλθεν ἐξ αὐτοῦ.
e então, provocando uma convulsão, o espírito impuro gritou de modo intenso e saiu dele.

φωνῆσαν — particípio aoristo ativo neutro singular do verbo contrato *φωνέω*, que podemos traduzir por "dizer de modo enfático". Preferimos traduzir com um único verbo, sem a presença do advérbio.

μεγάλῃ — adjetivo triforme, dativo feminino singular, que quer dizer "largo", "grande", preferimos traduzir por "intenso", poderíamos também ter traduzido por "forte".

ἐξῆλθεν ἐξ — terceira pessoa do singular do aoristo ativo do indicativo do verbo depoente *ἐξέρχομαι*, "sair para fora"; aqui aparece a redundância e a presença novamente de um artifício do autor bíblico, que ratifica a presença da preposição *ἐκ*. Cabe ressaltar que é a segunda vez que aparece o mesmo verbo.

Mc 1:27
καὶ ἐθαμβήθησαν ἅπαντες ὥστε συζητεῖν πρὸς ἑαυτοὺς λέγοντας· τί ἐστιν τοῦτο; διδαχὴ καινὴ κατ' ἐξουσίαν· καὶ τοῖς πνεύμασι τοῖς ἀκαθάρτοις ἐπιτάσσει, καὶ ὑπακούουσιν αὐτῷ.
e todos estavam atônitos, de modo que continuaram a discutir diante deles, dizendo: O que é isto? Um novo ensinamento, segundo sua autoridade ele dá ordens aos espíritos impuros e eles o obedecem.

ἐθαμβήθησαν — terceira pessoa do plural do aoristo passivo do verbo θαμβέω. Parece-nos que entra em cena apenas o aspecto narrativo do aoristo.

κατ' ἐξουσίαν — segundo, conforme a autoridade, ou o poder.

ἐπιτάσσει — terceira pessoa do singular do presente ativo do indicativo do verbo ἐπιτάσσω. Como o presente é um tempo cujo aspecto verbal é durativo, a habitualidade, o autor bíblico provavelmente está querendo relatar que não só naquele momento Jesus estava ordenando, como ele habitualmente ordenava a saída do mal.

ὑπακούουσιν — terceira pessoa do plural do presente ativo do indicativo do verbo ὑπακούω. O mesmo comentário referente ao termo anterior serve aqui. Os espíritos impuros estavam não só obedecendo naquele momento, como habitualmente obedeciam a Jesus.

Mc 1:28
καὶ ἐξῆλθεν ἡ ἀκοὴ αὐτοῦ εὐθὺς πανταχοῦ εἰς ὅλην τὴν περίχωρον τῆς Γαλιλαίας.

e imediatamente por toda a vizinhança da Galileia se escutou falar dele.

ἡ ἀκοή — nominativo feminino singular de primeira declinação, terminado em η (eta); o escutar, o ouvir.

πανταχοῦ — advérbio, em todo lugar.

ὅλην — adjetivo triforme, todo, inteiro completo.

A tradução deste versículo é deveras difícil, pois se traduzirmos de modo mais literal ele ficará incompreensível em português; requer, portanto, uma adaptação. Então, optamos por traduzir por "escutar" por conta do substantivo proveniente do verbo escutar, ἡ ἀκοή.

Comparação de passagens cruciais entre as traduções brasileiras: Bíblia de Jerusalém, Bíblia do peregrino e TEB

Bíblia de Jerusalém	Bíblia do Peregrino	TEB
Espírito impuro que gritava	**Espírito imundo grita**	**Demônio impuro que exclamou**
Que queres de nós, JN?	O que tens a ver conosco Jesus de Nazaré?	Que há entre nós e ti, J de N?
Vieste para arruinar-nos?	Vieste para nos destruir?	Vieste para nos perder.
Sei quem tu és: o Santo de Deus	Sei quem és: o consagrado por Deus	Eu sei quem és: o santo de Deus
Jesus o conjurou severamente	**Jesus o repreendeu**	**Jesus o repreendeu**
Cala-te e sai dele	Cala-te e sai dele	Cala-te e sai deste homem
O espírito impuro	**O espírito imundo**	**O espírito impuro**
Sacudindo-o violentamente	O sacudiu	Sacudiu-o violentamente
Soltando grande grito	Deu um forte grito	Saiu dele
Deixou-o	Saiu dele	Soltando um grande grito

Texto antecedente

A convocação (Mc. 1:16-20). Aparecem agora as narrações sobre o chamamento para seguir Jesus. Tais narrações estão unidas a um lugar, a borda do mar da Galileia. O Lago de Genesaré será, no Evangelho de Marcos, um lugar importante para a convocação para o reino. Depois de confessar sua fé em Jesus-Messias e Filho de Deus, o evangelista Marcos não demonstra que Jesus é o verdadeiro Filho de Deus. A próxima perícope será decisiva neste processo.

Texto subsequente

Liberar para servir (Mc. 1:29-34). Ao sair da sinagoga, seguindo Jesus, os quatro discípulos entram na casa de Simão, onde encontram sua sogra com febre, o que, para os antigos, era um sintoma considerada de origem demoníaca. Jesus a ajuda a se levantar e a febre desaparece. Ela é liberada do mal que a impedia de servir e logo passa a servi-los. Jesus dispõe as pessoas a se levantarem e, em seguida, a se colocarem a serviço.

Análise linguística e comentário exegético

Espírito impuro

Os versículos 21 e 22, com exceção da entrada em Cafarnaum e o ensinamento dado por Jesus na sinagoga da cidade, se constituem num sumário composto pelo evangelista para demarcar a narrativa. A entrada na vila prepara a saída que acontece no versículo 35.

O nome Cafarnaum, em hebraico, significa "*kĕpar nāhûm*", ou "aldeia da consolação". Já a sinagoga era o local onde os judeus se reuniam desde a diáspora para ler e comentar as Escrituras.

Para Marcos e os cristãos do século I d.C., o espírito impuro e outros demônios representavam o mal, poderes misteriosos e hostis a Deus, à saúde e à bondade. Julgava-se que esses demônios eram tão perceptivos que podiam discernir quem era representante do poder divino (Linden, 2001, p. 48). Aqui, o espírito impuro revela Jesus como o "Santo de Deus" e astuciosamente tenta impedir sua missão para o bem.

Por outro lado, Marcos não explica se o homem com o espírito impuro era um frequentador da sinagoga ou se foi até lá especificamente para atrapalhar o sermão de Jesus (Healy, 2008, p. 46). Uma vez na presença de Jesus, a contenção do demônio vem para iluminar, e ele grita de medo e se enfurece. O espírito acusa Jesus de intrujão, já ciente de que sua queda está chegando. O espírito afirma que sabe quem Jesus é, uma das táticas demoníacas frequentes na tentativa de vencê-lo.

Jesus censura severamente o espírito e diz: "Cala-te e sai dele". Em sinal de desafio, o espírito sai, mas após deixar o homem contorcido.

O termo "espírito impuro" não é usado com frequência no Novo Testamento, exceção feita a Mc., Lc. e At. (Trocmé, 2000, pp. 50-51): é utilizado onze vezes por Marcos, que também usa onze vezes o termo *daimónion* — um termo calcado num estilo hebraico do qual a literatura rabínica fará grande uso. Se possui uma nuance especial está no fato de insistir na incompatibilidade entre um espírito impuro e todo encontro com Deus.

Possessão

O primeiro milagre mencionado no Evangelho de Marcos é um exorcismo, ou expulsão do demônio de um endemoninhado (Mc. 1:23-27). Nos diversos sumários redacionais com que Marcos resume a atividade de Jesus na Galileia, os exorcismos têm um papel importante. Ou melhor: pode-se já afirmar que a atividade de Jesus é caracterizada por Marcos desta maneira: ele ensina e expulsa demônios (Barbaglio, Fabris & Maggioni, 2002, p. 477). Na atividade de Marcos, as expulsões de demônios têm um relevo notável, poder-se-ia até dizer que fica em primeiro plano.

Que sentido têm os relatos de exorcismo? Trata-se de possessão demoníaca ou de doença? Que papel está sendo atribuído pelo Evangelho a Satanás? É ele a causa do mal ou apenas sua explicação simbólica? É um ser pessoal? E em que sentido?

A concepção demonológica do século I d.C. é um dado comumente admitido pelos estudiosos, pois na tradição religiosa judaica, nos séculos que imediatamente precederam a época cristã, a demonologia se desenvolveu em concomitância com a angelologia. O espaço entre Deus e o homem, entre Deus e o mundo, como já mencionamos, era ocupado por diversos espíritos, bons e maus, anjos e demônios.

Também para os relatos evangélicos de exorcismo pode-se encontrar narrações paralelas no ambiente judaico e helenístico (Barbaglio, Fabris & Maggioni, 2002, p. 478). Nessa comparação, porém, pode-se acabar relevando uma característica do exorcismo evangélico: só a palavra eficaz de Jesus, sem mediações mágicas e ritualísticas, liberta o homem do poder demoníaco e o reintegra à sua dignidade humana.

A opção de se questionar se a possessão pelo demônio é somente um esquema cultural daquele tempo para explicar uma doença (de caráter psíquico, histeria, mania depressão, neurose, epilepsia, bipolaridade e esquizofrenia) coloca um falso problema, já que no Evangelho de Marcos o demônio é o verdadeiro agente do mal que oprime o homem.

A demografia dos demônios encontra suporte na demonologia judaica vigente nos séculos em torno da vida de Jesus. A história dos anjos decaídos, proveniente do século II a.C., mostra que duzentos anjos foram expulsos do céu com seus dois eminentes chefes: Azaz'el e Semyaza (1Hen. 6:2-3, 8:1-2).

> Os anjos, filhos do céu, as viram e desejaram. Comentaram entre si: Vinde, escolhamos para nós mulheres dentre os filhos dos homens e vamos procriar filhos para nós (1Hen. 6:2). Semyaza, que era chefe deles, disse: Estou temendo que não queirais praticar esse ato e que eu sozinho irei pagar por esse grande pecado (1Hen. 6:3). Por sua vez, Azazel ensinou aos homens a fazer espadas, punhais, escudos e armaduras (1Hen. 8:1). Houve uma grande impiedade, muita fornicação, perderam-se e seus caminhos se corromperam (1Hen. 8:2). Sua ascendência multiplicou-se dando nascimento a um considerável número de espíritos maus. Isto é dito daqueles espíritos que entram nos corpos. (RBB, 1999, pp. 171-173)

A crença na multiplicidade de espíritos maus e seu respectivo poder foi transmitida através do termo Satã (1Hen. 65:6). Além disso, a percepção do grande número de espíritos maus é preponderante no tempo de Jesus, e está ligada primariamente à atividade dos maus espíritos entre os humanos. O *Testamento de Salomão* fala não apenas de diferentes espécies de demônios, mas também de legiões, isto é, grupos de demônios.

O amplo número de demônios parece ser também a mola propulsora para a cristologia marcana (Razafimanantsoa, 2005, p. 158). Jesus é apresentado não como um santo comum, mas como alguém que tem um formidável e estrondoso poder. Havia taumaturgos naquela época:

> O filósofo Apolônio de Tiana, que no século I a.C. andava e ensinava pela Ásia Menor, era enaltecido como homem milagroso, capaz de ajudar os sofredores e curar os enfermos. Conforme a tradição, um jovem de Atenas, de vida dissoluta, era dominado por um espírito mau. Quando Apolônio, irado, o olhou fixamente, o demônio gritou como um banido e, torturado, jurou abandonar o jovem e jamais apossar-se de outro homem. (Razafimanantsoa, 2005, pp. 216-217)

Marcos, porém, queria mostrar que a fama de Jesus se espalhara por causa da autoridade irrestrita de seu ensinamento. A doutrina de Jesus era diferente, deixava a população estupefata, se perguntando: "Que é isto"? (Mazzarolo, 2004, pp. 70-71). Tampouco podemos ignorar a dinâmica da cena, especialmente o grito violento e as convulsões a que o homem é submetido. Isso tudo apenas revela o perigo da atuação dos demônios e a condição de impotência de suas vítimas. A implicação é que, com tal pluralidade, os espíritos maus que atuam no homem poderiam ter mais ou menos poder, o que corresponderia a uma maior ou menor aflição por parte das vítimas.

Neste sentido, o aspecto demográfico da legião dá suporte à teoria de que a multidão de demônios maximizava o poder e a periculosidade dos maus espíritos, e o quanto se deveria sublinhar a falta de segurança na situação da vítima.

Autoridade

Os leitores de Marcos não aprendem *o que* Jesus ensina na sinagoga, mas *como* ele ensina — com autoridade — e o efeito de seu ensinamento — todos ficam impressionados e espantados (Linden, 2001, p. 48). O espírito impuro é dominado. Ele fala com autoridade, assim como age com poder.

Na prática, na sinagoga, ensinar era função dos escribas e dos rabis. Pregadores visitantes somente ensinariam se fossem convidados pelo líder da sinagoga (At. 13:14-16). No caso de exorcismo, Jesus não foi convidado, mas tomou a iniciativa.

Os versículos de 21 a 28 podem ser considerados como um parágrafo cujo tema central é a autoridade de Jesus, mas no qual a história de exorcismo foi inserida para demonstrar que o exorcismo é a aclamação de um novo ensinamento (Linden, 2001, p. 63). Não é o conteúdo do ensino que é importante para Marcos. Não é por acaso que, entre os Evangelhos, somente Marcos escolha um encontro com o poder demoníaco do mal como cena de abertura do ministério de Jesus. Foi Marcos quem trouxe a história de exorcismo para dentro da estrutura do ensinamento de Jesus, para juntar exorcismo e ensino como duas manifestações da autoridade. Por outro lado, é historicamente improvável que o demônio estivesse presente no serviço da sinagoga (Linden, 2001, p. 64).

O espírito impuro representa toda manifestação do mal: doença, pecado, morte e o próprio reino do mal. A cena concentra a ação em Jesus Cristo sobrepujando o poder do mal.

Nos quatro relatos de exorcismo (1:21-28, 5:1-20. 7:24-30 & 9:14-29) Marcos faz um resumo do ministério de Jesus. O espírito impuro se refere a nós (v. 24). Isto não acontece porque uma hoste de demônios habita o pobre homem, mas para indicar que, nesse evento paradigmático, Jesus encontrou o mundo demoníaco, o mundo do mal por inteiro. O homem possesso não procura fazer algo com relação a Jesus, não pede ajuda. Ele está sem socorro. Jesus, então, toma a iniciativa, e não age de modo reativo, ao contrário, avança sinalizando a chegada do reino de Deus. Os demônios estão na defensiva, sabendo que já estão vencidos, pois reconhecem Jesus como representante do reino de Deus.

Pode parecer estranho o fato de o Evangelho de Marcos falar continuamente de espíritos maus, demônios, espíritos impuros, Satanás. Eles estão presentes em toda parte, e a prática de Jesus começa com o encontro com um homem possuído por um espírito mau. Notemos que a prática de Jesus é, antes de tudo, libertar as pessoas do poder desses demônios, que realizam ações exatamente contrárias às de Jesus.

Qual a ação do espírito mau nesta passagem? Possuir o homem e falar através dele, isto é, impedi-lo de falar livremente, tomá-lo por inteiro, fazendo com que nem pense, nem atue por si mesmo; é o espírito mau quem diz o que quer através do homem. Em outras palavras, o espírito mau aliena o homem ao não lhe permitir que seja livre e consciente de seus atos (Balancin, 2008, p. 23).

Isso significa que as forças ocultas alienadoras estão unidas, mas, ao mesmo tempo, percebem que algo ou alguém mais forte está presente, e sentem que suas bases tremulam: "Veio para nos destruir"?

Quando o espírito impuro afirma saber que Jesus é o "Santo de Deus", não se trata de uma confissão de fé, mas de uma tentativa de manipulação, posto que conhecer e nomear a identidade de alguém naquela época poderia significar uma forma de conseguir o domínio sobre esta pessoa. O espírito mau procura manter a situação sob seu controle; mas Jesus é mais forte e não se deixa dominar, ao contrário, subjuga-o totalmente. O espírito mau tem que permanecer calado e sair do homem que havia possuído.

A reação da multidão é motivada pelo ensinamento de Jesus, que é novo, e dado com autoridade. Marcos não diz qual é o ensinamento, somente narra a expulsão do espírito impuro (Linden, 2001, p. 24). Aí está a novidade da autoridade: a prática concreta da libertação permite que o homem adquira a consciência e a liberdade de falar por si mesmo. Além disso, no versículo 22, Marcos diz que Jesus não ensinava como os doutores da lei, ou seja, o ensinamento de Jesus não se compunha somente de palavras que procuravam preservar uma ordem estabelecida. Era uma prática que desestabilizava essa mesma ordem. A autoridade de Jesus pôs em xeque a autoridade dos doutores.

Hermenêutica ontológica

Esta perícope de Marcos nos apresenta, segundo a hermenêutica contemporânea, uma fenomenologia do mal e da humildade.

O que é fenomenologia? É o método filosófico desenvolvido por Edmund Husserl (Audi, 2006, pp. 330-331) e transformado por Martin Heidegger. A fenomenologia tem um caráter quididativo, isto é, busca sempre encontrar a essência do dizer em toda e qualquer descrição. Para Husserl, a fenomenologia é a "doutrina essencial descritiva das vivências puras" (Figal, 2005, p. 31).

O método utilizado é o da *epoché*, da redução eidética, ou seja, pretende extrair de uma descrição toda e qualquer particularidade psíquica que possa nos impedir de chegar à essência daquela descrição, que servirá de suporte à universalidade humana daquela experiência — uma universalidade que diz respeito não somente a um único ser humano, mas a todo e qualquer ser humano em qualquer lugar e em qualquer época histórica.

Nesta perícope, podemos centralizar esforços interpretativos em dois pontos fundamentais: primeiramente, na vivência profunda de um mal que chega ao nível de possessão e de aprisionamento da vida; e, em segundo lugar, na experiência da humildade e da vida em liberdade.

Analisando as características textuais apresentadas pelo autor bíblico, podemos enumerar: 1) o espírito impuro que gritava; 2) sacudindo-o violentamente e soltando grande grito; e 3) deixou-o.

Se parássemos hoje em dia para nos perguntar como o mal se personifica em nós, o que é aquilo que nos torna impuros e não quer sair de nós de modo algum, que permanece enfurecido, em vilania, aquilo que grita, apesar de que muitos podem não estar sequer ouvindo, e que somente o poder e a autoridade de Deus poderão restaurar, aquilo que somente sai de nós enfurecidamente, e que nos aprisiona, escraviza, nos ilude, nos cega e nos torna paralíticos e mortos para vida, o que obteríamos?

Parece-nos que a resposta é uma só: o ressentimento. O demônio se perfila hodiernamente como ressentimento (Ortega y Gasset, 1987, pp. 111-119).[18]

O que é o ressentimento? Em português a palavra provém do verbo "ressentir", que significa "sentir novamente o mesmo sentimento". Ora, os sentimentos são como nuvens passageiras, isto é, vem e vão ao sabor do momento. Os sentimentos não nos pertencem. Eles nos advêm, nos tomam de surpresa e também podem mudar rapidamente. A isso Heidegger (2009) denominou *Stimmung*, substantivo alemão que provém do verbo *stimmen*, que quer dizer "afinar", "sintonizar". Podemos traduzi-la por "disposição, afinação de humor":

> *Stimmung* designa o estado e a integração dos diversos

---

18 Ortega y Gasset (2009, pp. 111-119) nos adverte de que estamos na época histórica do "senhorzinho satisfeito". Para ele, trata-se de um fato social. Estudando a estrutura psicológica desse novo tipo de homem, encontramos as seguintes características: 1) uma impressão inata e radical de que a vida é fácil, superabundante e sem limitações trágicas; 2) isto o leva a se fechar num contentamento consigo que o induz a se fechar para qualquer instância exterior, a não submeter suas opiniões a nenhum juízo crítico; e 3) torna-se uma criança mimada, um primitivo rebelde, um bárbaro. Neste sentido, torna-se mais fácil advir o ressentimento quando o senhorzinho satisfeito é contrariado, rejeitado, e quando lhe advêm situações negativas e adversas.

modos de sentir-se, relacionar-se e de todos os sentimentos, emoções e afetos bem como das limitações e obstáculos que acompanham essa integração (...). Para fazer aparecer a conotação musical de voz, a tradução vale-se da expressão afinação de humor. (Heidegger, 2009, p. 573)

Isto é o *não patológico* na vida humana: sentir-se de múltiplas formas diante das inúmeras situações que nos advêm. No entanto, quando ficamos paralisados em um único modo de sentir, e este sentimento se torna morada em nós e vira repetição, aí, sim, tem início uma *anomalia* — pode-se perceber neste termo o radical da palavra "mal".

Por outro lado, o termo usado em alemão para descrever o ressentimento, *der Groll*, nos ajuda sobremaneira a entender o ressentimento. Significa *rancor* e este, por sua vez, vem acompanhado de bile. Bile, ou bílis, é aquele líquido esverdeado e amargo segregado pelo fígado quando o estômago não consegue digerir um alimento. Ora, quando é que o estômago não consegue digerir um alimento? Quando este não lhe cai bem.

Sendo assim, o ressentimento nada mais é do que a não aceitação da realidade que nos sobrevém. O ressentimento se instaura em nós, e se faz morada quando não conseguimos lidar com os acontecimentos, fatos e eventos em nossas vidas que estão em desacordo com o nosso desejo, nosso anseio, nosso anelo. A força de irrupção da vida real em contraposição à força do desejo, da infantilização, da imaturidade e da idealização que habita em nós, nos leva a recusar a realidade e a viver num mundo à parte, necrosando a nossa vida psíquica, o nosso corpo, a nossa vida comunitária, social, econômica e política, assim transformando-a num filete de vida. É neste momento que o demônio encontra o vazio de sentido em nós e pode penetrar e nos escravizar.

Max Scheler, mais do que nenhum outro filósofo contemporâneo, mostrou-nos as consequências do ressentimento em nossas vidas:

> Ressentimento é o envenenamento pessoal da alma, com causas e consequências bem determinadas. Ele é uma introjeção psíquica contínua, que através de um exercício sistemático de recalcamento de descargas desperta certos movimentos internos e afecções, que em si são normais e pertencem à estrutura fundamental da natureza humana (...). Os movimentos internos e afecções que, em primeiro lugar, tomaremos para análise são: sentimento e impulso de vingança, ódio, maldade, inveja, cobiça, malícia (...) Os distúrbios provenientes das funções da alma e do corpo produzem fundamentalmente o estar atado a um sentimento cunhado de impotência, de "não-poder". (Scheler, 1994, p. 48)

Este sentimento de impotência do ressentido/ rancoroso é que, para nós, permite a infiltração do mal, do demônio, uma vez que nos achamos incapazes de reagir, e, portanto, passíveis de dominação.

Aqui aparece o conceito de *recalcamento*. O recalcamento nada mais é do que a vigência das potências recalcadoras, isto é, o sentimento de impotência, a consciência cunhada de "não-poder", que está ligada a um forte sentimento de depressão (Scheler, 1994, p. 48).

Analisemos agora o texto bíblico no que diz respeito à ação de Jesus: 1) Jesus o conjurou severamente; e 2) Cala-te e sai dele.

O que dizer de tal autoridade e poder? De onde eles vêm? A autoridade provém do fato de Jesus ser Ele mesmo, e não outro. Jesus não estava ocupado em fingir para Si e para os outros, tampouco queria ser aquilo que não era. Amava ser o Filho de Deus, o próprio Deus, e havia assumido plenamente a Sua missão. O mal não conseguiu suportar tanta luz e verdade. Por outro lado, o poder e a autoridade de Jesus advêm da humildade e da veneração a Deus, ou seja, de uma vida dedicada à obediência.

Às vezes não aceitamos o que ocorre em nossas vidas tão somente porque não nos aceitamos. Nada acontece por acaso.

Tudo é passível de aprendizado. Em cada sim e não que recebemos da vida descobrimos um pouco mais daquele que somos. No entanto, isto somente é possível desde a vivência da humildade.

A humildade (*humilitas*) é o pulsar interno e duradouro da disposição espiritual para o serviço, para servir a todas as coisas: às boas, às más, às belas e feias, às vivas e mortas. Na humildade não há lugar para a infantilidade. Ela é própria da vida madura.

A humildade requer que abdiquemos de nós mesmos, que nos entreguemos inteiramente, sem medo, ao que poderá nos acontecer. Ela é o antídoto contra o orgulho e o ressentimento, próprio daqueles que pensam que o mundo deve girar ao redor deles. A humildade nos ensina a nos arriscar, a renunciar aos supostos direitos, aos possíveis ganhos, à estima dos homens, e, pior, à nossa própria estima (Scheler, 1994, p. 23).

Jesus não somente era humilde, como também personificava a atitude de veneração. Segundo Max Scheler:

> A veneração não é nenhum acréscimo sentimental a coisas prontas e percebidas, nem tampouco uma mera distância erigida entre nós e as coisas pelo sentimento. Ela é, ao contrário, a atitude na qual ainda se percebe algo além que o sem veneração vê, e para o que ele é imediatamente cego: o mistério das coisas e a profundeza de suas existências. (Scheler, 1994, p. 35).

A veneração é a abertura à vivência do mistério, do não--saber, do não querer dominar. Venera aquele que se propõe a viver seguindo o caminho da simplicidade, agradecendo a dádiva de estar vivo, sem lamúrias, queixumes e reclamações, em oposição ao ressentido, que sente que Deus lhe deve alguma coisa, Deus está em débito; aquele que vive a dimensão profunda, um não-saber que é a própria veneração diante da grandeza da vida e do mistério de Deus.

Esta veneração afasta o mal e o demônio que vive da alienação dos homens, e que transforma tudo numa superficialidade nodosa, sem sentido, denegando toda solidariedade e toda fraternidade e levando o ser humano a viver no isolamento de um deserto sem Deus.

Conclusão

Ao longo da análise das perícopes pudemos perceber que dois temas filosóficos são prementes para se pensar a questão de Deus: a metafísica, especialmente a ontologia, e a antropologia. Sem pensar a diferença ontológica entre Ente e Ser, e sem pensar a condição humana e o que significa maturidade antropológica, torna-se assaz difícil para o ser humano penetrar, ainda que tremulamente, no mistério de Deus.

Durante anos tenho vislumbrado que é enorme a dificuldade entre os fiéis no que diz respeito a compreender realmente a condição humana, e a ser capaz de pensar o Ser na relação com o mundo, com os outros, consigo mesmo e com Deus. É, aparentemente, mais fácil se prender ao Ente do que estar disponível para o Ser. Contudo, a partir da perícope da Samaritana, torna-se claro que Deus está sempre nos convidando a ir além, a penetrar num horizonte mais profundo da nossa existência, e, por consequência, a lidar com a nossa essência e a nos levar a sério, tal como Ele o faz. Por isso, à guisa de conclusão, gostaríamos de ressaltar ainda alguns aspectos importantes do pensar antropológico, no sentido de nos tornarmos mais abertos ao acontecimento que é a vida humana.

O ser humano é um Ser de busca, de questionamentos, que sempre precisa retornar às fontes atrás de soluções para suas inquietações e angústias. Atualmente, algumas questões existenciais permanecem esvaziadas e sem resposta: Qual a sociedade que queremos? O que é a família? O que fazer com o planeta?

É necessário encontrar novas formas de refazer essas

perguntas para evitar que caiam num círculo vicioso, com sua repetição inócua. É preciso repensar questões e propor soluções.

O parâmetro cristão nos leva, então, a propor essas mesmas perguntas de outra maneira: O que Jesus faria? Qual seria sua maneira de viver na época atual?

A perspectiva da revelação cristã nos remete de volta às fontes originais: Sagrada Escritura e Tradição. É nelas, e somente nelas, que podemos encontrar os conceitos centrais e, desta feita, atualizá-los; revisitando as fontes podemos nelas redefinir o que é essencial e o que é dado histórico, perceber a diferença entre os valores culturais e os dados de fé.

Não se pode, contudo, estabelecer hodiernamente uma hermenêutica de ruptura, ou seja, uma hermenêutica que abra mão da árdua tarefa assintótica de nunca interpretar plenamente o texto bíblico. Faz-se necessário permear a verbalização, compreender a experiência originária em seu contexto histórico-cultural e fazer com que o ser humano volte novamente o seu olhar para a experiência geradora, que permanece viva.

Por outro lado, o dualismo representa a compreensão antropológica do homem a partir da chave de exclusão "OU" no lugar da chave de inclusão "E". Trata-se, na verdade, de uma chave de leitura da vida. O indivíduo que compreende o mundo e a realidade a partir do dualismo tem enorme dificuldade em se conciliar com o diferente. E como não consegue lidar nem com a diferença, nem com a complexidade do real, que é sempre plural, acaba por diluir este real numa dualidade dicotômica amorfa, na qual entende o mundo a partir de uma hermenêutica de ruptura.

Como é dotado de livre arbítrio, o homem torna-se um Ser com opções muitas vezes antagônicas. Como saber qual é a melhor escolha? Sua vontade aparece quando delibera considerando os dois polos, bem e mal, mente e matéria, fidelidade ou infidelidade a Deus. Por esta razão, o homem é definido como um Ser essencialmente dual, munido de duas naturezas distintas, separadas, e que andam em direções opostas.

Pela própria composição do homem como corpo, alma

e espírito, ele, por si só, experimenta essa dualidade, apesar de se autoperceber como um Ser único, de ações tanto corporais quanto espirituais. Neste sentido, o ser humano se reconhece como um ser vivo ímpar, único e exclusivo. A presença da alma faz com que seu corpo seja diferente do de qualquer outro organismo vivo. A presença do espírito atuando no corpo o torna transparente, e isso ocorre por meio do olhar, das expressões, dos gestos e das palavras proferidas — todas elas fruto do inconsciente que não é cerebral, mas mental. Todas as nossas funções vitais são involuntárias, regidas pelo inconsciente, a dinâmica da nossa alma, que independe da nossa vontade. Também por essa vertente podemos observar como somos duais.

Essa divisão, pensada por Platão com objetivo meramente pedagógico e reflexivo, tornou-se a categoria central de compreensão da essência antropológica ao longo da história ocidental, a partir do médio e do neoplatonismo (Ullmann, 2002, pp. 9-39). E perdura até os dias atuais, obstaculizando, assim, a possibilidade que tem o ser humano de ser, viver, pensar e agir em unidade, a partir de uma visão integrada de si. Há dois mil anos experimentamos o homem, no Ocidente, como um Ser dicotômico, dividido e partido. Juntar os pedacinhos é uma das tarefas do filósofo no nosso tempo.

Em seu livro *Unidade na Pluralidade*, Rubio (1989) apresenta algumas soluções para o dualismo, como a reversão dialética[19] e a justaposição estéril.[20] Para que haja uma superação dessa visão metafísica dicotômica da realidade, é necessário que exista um permanente movimento relacional que integre e inclua, ou seja, que entenda o humano como um Ser integrado. Só adentraremos o processo humano-salvífico se houver o equilíbrio e a dinâmica do movimento do amor, que é um movimen-

---

19 Saída de um extremo para o outro. Como exemplo, em termos pastorais, *ou* se ama o Cristo glorificado *ou* o homem de Nazaré.
20 Esta, mais difícil de ser percebida, caracteriza-se por uma mera justaposição onde ainda jaz a permanência do muro de separação, porque, por mais que se queira proceder à integração, o sujeito humano ainda está mergulhado numa estrutura mental que impossibilita a sua liberação.

to de saída de si, de entrega; e, portanto, de máxima liberdade. Nisso vigia a gratuidade de Jesus.

A revelação aconteceu, primeiramente, dentro de um grupo de pastores, que eram nômades por atividade e cultura; viviam na provisoriedade, no movimento, e andavam em grupo. Sua segurança e bem-estar dependiam de todos. Formavam um clã e desempenhavam funções complementares e integradas, de modo a depender uns dos outros para sobreviver. Sua maior punição era o exílio, o banimento do grupo.

O povo de Deus, desde os seus primórdios, tem uma identidade nômade, peregrina, além de basear-se na relação interpessoal com o outro e com Deus. Exemplo disso é a atitude de Jesus, que logo formou um grupo de discípulos.

O processo pós-pascal tratou de recompor aquilo que, com a paixão e a morte, havia sido desfeito: o grupo, a comunidade de discípulos. Podemos, então, afirmar que a principal característica de Jesus de Nazaré era chamar e acolher aqueles que estavam de fora, os excluídos; que sua maior preocupação era romper com todas as formas de exclusão.

A experiência cristã nos mostra o que acontece entre duas maneiras de viver — o sedentarismo e o nomadismo, já que o cristianismo não é uma experiência individual, mas comunitária. As leis são, apenas, normas de comportamento coletivo; no entanto, não podem ser excludentes, tal como a Lei de Esdras, que tratava do puro e do impuro. Jesus vai combater firmemente o fechamento dos judeus num grupo que exclui os estrangeiros, os diferentes. O judeu valorizava os laços de sangue, enquanto para o cristão, o que importa é a vivência comunitária, baseada no amor gratuito e na fé.

A lógica da exclusão é sustentada pelo ímpeto humano de se tornar aquele que ele é; fundamenta-se no elitismo intelectual grego do "rei-filósofo", e para alcançar tal intento o ser humano precisa se diferenciar, se separar e se destacar. Para um grego, se tornar ele mesmo significa tornar-se um herói, alguém que permanecerá para sempre na memória histórica dos seres humanos. Aqui está o fundamento da segregação, da separação;

ele se nutre de uma necessidade demasiadamente humana, que compreende o homem não como alguém relacional, mas como um Ser dotado de razão e que merece ser "individualmente" feliz.

Bem outra é a compreensão semítica de se tornar si mesmo. Para o povo hebreu, forjado pelo êxodo, a identidade está na vida comunitária, na saída de si e na relação com os outros. É exatamente daí que advém o eixo central e determinante da Revelação bíblica, a salvação — já que salvar-se quer dizer "sair de si", entrar no processo de envolvimento. Podemos dizer que quando nos integramos, nos humanizamos. Sendo assim, foi a saída da mensagem salvífica do mundo semítico para o mundo helenizado que tornou possíveis tanto a vigência do dualismo quanto o reinado da lógica da exclusão, que antepõe um muro de separação perante o diferente.

Como síntese, poderíamos dizer que a lógica da inclusão é a lógica da Revelação, que atua na chave de leitura "E", enquanto a lógica da exclusão é a lógica humana, que atua na chave de leitura "OU", que antepõe um muro diante do outro. Deus nos pede que sejamos como Ele e atuemos no seu elemento e modo de ser, que é uma ação envolvente e gratuita: o Amor.

As tradições denominadas como javista, eloísta, sacerdotal e deuteronomista são verbalizações do dado de fé, e por isso também eivadas de dados culturais. No caso da ideia de criação, as tradições sacerdotal e javista se sobressaem pelo fato de narrarem uma experiência primordial, narrativas que expressam a mesma experiência, mas em contextos diferentes. A narrativa sacerdotal é mais recente, e destaca a afirmação "Deus viu que isso era bom" (Gn. 1:10). Por outro lado, a narrativa javista, mais antiga, destaca o fato de o ser humano ter sido modelado do pó da terra, porém com o sopro divino, o "divino *rûah*",[21] além de afirmar: "Não é bom que o homem esteja só. Vou fazer uma auxiliar que lhe corresponda" (Gn. 2:18).

Essas duas narrativas trazem, em essência, a compreen-

---

21 Então IHWH modelou o homem com a argila do solo, insuflou em suas narinas um hálito de vida e o homem se tornou um ser vivente (Gn. 2:7).

são fundamental de que o ser humano é frágil (argila do solo), e de que não é bom que ele viva sozinho, deve viver em comunidade — tal como acontece na vida Trinitária. A noção de "criatura" entende que o ser humano não é fechado em si mesmo, e que é dotado do "divino *rûah*". Isso demonstra a dinâmica fundamental da vida criatural, isto é, o viger como um Ser de relação. Pelo fato de o humano ser criatura, ele está sendo sempre remetido para fora de si, e por isso não pode viver ensimesmado. A humanidade não pode prescindir da dinâmica do encontro.

Outrossim, a criatura existirá sempre no movimento de referência ao Criador. Existe criatura porque há o criador: essa referência é basilar. Além disso, neste movimento relacional permanece vivo o processo de criação, que é amoroso e convida a criatura a viver essa dinâmica do encontro, a dinâmica da identidade e da diferença.

Apesar do conceito de "pessoa" ser oriundo do termo grego πρόσωπο,[22] quando ele foi apropriado pelo cristianismo manteve seu significado semita. Afirmamos isso porque os gregos, através de Platão (380 a.C./ 1995, p. 227), procuraram elaborar uma didática antropológica ao dividir o ser humano em corpo (sensibilidade: sentidos, sensação e sentimentos), alma (intelectualidade, vontade e imaginação) e espírito (ânimo).

O conceito de pessoa é uma invenção cristã, porque está fundamentado na relação dialógica entre criatura e criador. É um conceito relacional; não é um conceito que individualiza, ao contrário, em seu cerne habita o valor e a dignidade da pessoa humana, pelo simples fato de ela existir, de ser a ouvinte da Palavra e de responder ou não ao apelo do Criador.

Ao longo da tradição, o termo foi ganhando contornos distintos, mas com Duns Scotus ficou explicitada a dimensão relacional do conceito. A patrologia e a escolástica auxiliaram

---

22 Este termo grego significa "máscara" — era a máscara usada pelo ator da tragédia para vivenciar vários personagens distintos. Ele foi traduzido para o latim como *persona* e, na tradução portuguesa, pessoa.

no processo de desenvolvimento semântico do termo e fixaram determinadas características do conceito cristão de pessoa:

1) o conceito de *inseidade* — a pessoa existe em si mesma e para si mesma, e neste sentido, é independente;
2) a condição de *exclusividade* e de *não-repetibilidade*, isto é, cada pessoa é única e exclusiva; e
3) a *relacionalidade* — a pessoa está sempre aberta ao horizonte do Ser.

São quatro as dimensões fundamentais do conceito de pessoa:

1) *imanência* — o fato de a pessoa poder ser valorizada, não precisar se anular;
2) *autopossessão* — o direito da pessoa humana de pertencer a si mesma, de ser autônoma;
3) *perseidade* — o Ser por si mesmo, isto é, a finalidade da pessoa humana está em si mesma, ela é valorizada pelo simples fato de existir; não necessita de nada além do *ser-aí* para ser importante; e
4) *liberdade e responsabilidade* — a pessoa é livre para escolher a partir de si mesma; no entanto, precisa acolher as consequências de suas ações e deliberações, pois a coisificação, a manipulação e a escravização estão em oposição à dignidade da pessoa humana.

Por mais que o ser humano não se dê conta, ele *já* está inserido na totalidade, ainda que experimente apenas a parcialidade. A inquietação, a curiosidade e o questionar são inerentes ao ser humano. Ele se pergunta, ele formula questões, ainda que nem sempre suporte permanecer sem respostas. Haverá sempre, na pessoa humana, uma tensão dialética entre transcendência (abrir-se, sair de si) e imanência (ensimesmar-se). O importante é conseguir articular as duas condições humanas.

A noção bíblica de ser humano, tanto no Antigo quanto no Novo Testamento, é unitária. Exemplo disso é a vigência de vários termos utilizados para descrever a pluralidade, mas também a unidade que caracteriza a riqueza humana. Em hebraico, temos *nefesh* (alma), *basar* (carne, corpo humano), *rûah* (sopro divino) e *leb, lebab* (coração, mas une racionalidade e emoção). Em grego temos *psyché* (alma), *sarx* (carne), *sôma* (corpo), *pneûma* (espírito, sopro) e *kardia* (coração, no sentido amplo de interioridade humana).

Foi Platão (399 a.C./ 2000) quem — apostando na afirmação socrática da imortalidade da alma, no dia em que Sócrates preferiu beber cicuta a passar o resto da vida em dissonância com aquilo que pensava — formulou a primeira teoria dessa imortalidade. No entanto, não havia em Platão um sentido dicotômico, tanto que ele convidava seus coetâneos a educarem seus filhos na música (espírito), na ginástica (corpo) e na matemática (alma). Somente a releitura implementada pelo médio-platonismo e pelo neoplatonismo é que veio a defender a dicotomia entre corpo e alma. Em típica oposição, por volta do século VIII a.C. Homero postulava que a alma sem corpo vivia perdida no mundo dos mortos, como um fantasma. Foi o semita quem primeiro compreendeu o ser humano como um todo integrado.

No momento da expansão do cristianismo, quando este começou a ser difundido entre os gentios, surgiu a necessidade de explicar a mensagem cristã, que era totalmente desconhecida e de difícil compreensão para a cultura da época, na qual predominavam o pensamento e a língua grega. Assim, os primeiros padres da Igreja deram início ao processo de conceituação da mensagem salvífica, para que pudesse ser veiculada universalmente. Os padres gregos utilizaram os termos gregos, mas com sentido semítico.

Porém, ao longo da história da tradição, pouco a pouco, os conceitos gregos foram ganhando contorno e sentido. A partir daí o dualismo se consolidou, deitou raízes por entre a humanidade, obnubilando a mensagem cristã.

A antropologia filosófica compreende o homem integral, mas também como um Ser de relação,[23] posto que ele não vive sozinho, precisa do outro para se completar e para atingir a plenitude, foi criado para se relacionar e para interagir com Deus e com os outros seres humanos em uma dinâmica construtiva e constitutiva.

Quando o homem se coloca diante de si mesmo e se percebe como Ser plural, ele vive a dupla experiência da corporeidade e da transcendência. O corpo não é só nosso. É nosso, mas é também para os outros, como instrumento de doação e de manifestação do ser humano em sua concretude.

Não se pode negar que Deus cuida de nós o tempo todo e em qualquer situação, uma afirmação que está presente no decorrer de toda a Sagrada Escritura. Este cuidado, porém, só pode ser percebido se, e somente se nos relacionamos com Ele. A isto denominamos providência de Deus.

A providência é o modo de ser de Deus que se dá a nós integralmente, até as últimas consequências, e que se envolve conosco numa plenitude de sentido. Infelizmente, ao longo da história, nós, cristãos, entendemos a providência de Deus de maneira infantil, gerando projeções, inseguranças, interesses; dessa forma, ferimos a dinâmica do encontro e a condição de transcendência, fazendo-nos esquecer de que Cristo está mais dentro de nós do que nós mesmos imaginamos.

Deus age como causa segunda. Como causa primeira age a natureza. Deus não atua baseado na lógica humana. Se penetrássemos, de verdade, este envolvimento e esta relação de encontro com Deus, com os outros e conosco mesmos, já estaríamos semeando o fortalecimento do reino de Deus neste mundo, pois Deus está presente, dinamicamente, no amor, mesmo nas situações mais críticas e difíceis de nossa existência.

De forma alguma Ele anula as consequências das nossas atitudes, já que somos um Ser de liberdade e de responsabilidade; por outro lado, acolhe-nos em seu amor infinito, permitin-

---

23 Sem dúvida alguma, uma conquista semítica.

do, assim, que possamos reagir às dificuldades, principalmente porque nos libera para o amor, para o envolvimento e encontro com o outro, com o diferente — é a própria dinâmica da salvação.

Não importa o que nos aconteça: na presença da Trindade é sempre possível forjar o bem e o belo.

Bibliografia

Bíblias

Bíblia de Jerusalém (1995). São Paulo: Paulus.

Bíblia TEB (1994). São Paulo: Loyola.

Bíblia do Peregrino (1997). São Paulo: Paulus.

Aland, K. (1975). *The Greek New Testament*. Münster: United Bible Societies.

Comentários: livros e periódicos

Balancin, E. M. (2008). *Cómo Leer El Evangelio de Marcos*. Bogotá: San Pablo.

Bauckham, R. (1998). For Whom Were Gospels Written? R. Bauckham (Org.) *The Gospels for All Christians: Rethinking the Gospel Audiences*. Grand Rapids: Eerdmans.

Barbaglio, G., Fabris, R. & Maggioni, B. (2002). *Os Evangelhos*. São Paulo: Bíblica Loyola.

Boring, M. (2006). *Mark, a commentary. The New Testament Library (TNTL)*. Kentucky: John Knox Press.

Bortolini, J. (2003). *Como ler o Evangelho de João*. São Paulo: Paulus.

Brown, R. (2004). *Introdução ao Novo Testamento*. São Paulo: Paulinas.

Byrne, B. (2008). *A Costly Freedom. Theological readings of Mark's Gospel*. Minnesota: Collegeville.

Cosaert, C. (2011). *Galatians: a Fiery Response to a Struggling Church*. Maryland: Review and Herald Publishing Association.

Dodd, C. H. (1999). *Historical Tradition in the Fourth Gospel*. Nova York: Cambridge University Press.

Flanagan, N. (1999). João. *Comentário Bíblico*. São Paulo: Loyola.

Healy, M. (2008). *The Gospel of Mark*. Grand Rapids: *Baker Academic*.

Konings, J. (1997). João. *Bíblia Passo a Passo*. São Paulo: Loyola.

Konings, J. (2005). *Evangelho segundo João: amor e fidelidade*. São Paulo: Loyola.

Léon-Dufour, X. (1996). *Leitura do Evangelho segundo João I*. São Paulo: Loyola.

Lierman, J. (Editor). (2006). Challenging Perspectives on the Gospel of John. *Wissenschaftliche Untersuchungen zum Neuen Testament*. Tübingen: Mohr-Siebeck.

Linden, P. (2001). Marcos. *Comentário Bíblico*. São Paulo: Loyola.

Luhrmann, D. (1992). *Galatians: a Continental Commentary*. Minneapolis: Fortress Press.

Lyononet, S. (2003). Études sur l'Epître aux Romains. *Analecta Biblica 120*. Roma: Editrice Pontificio Istituto Biblico.

Matera, F. J. (2007). Galatians. *Sacra Página*, Vol. 9. Minnesota: Daniel J. Harrington Editor.

Mateos, J. & Barreto, J. (1992). Evangelio de Juan – Análisis

Lingüístico y Comentario Exegético. Madrid: Ediciones Cristiandad.

Mazzarolo, I. (2004). *Evangelho de Marcos: Estar ou não com Jesus*. Rio de Janeiro: Mazzarolo Editor.

Mazzarolo, I. (2004). *Lucas em João*. Rio de Janeiro: Mazzarolo Editor.

Mazzarolo, I. (2008). *Primeira Carta aos Coríntios: Exegese e Comentário*. 2. ed. Rio de Janeiro: Mazzarolo Editor.

RBB. (1999). Henoque. *Revista Bíblica Brasileira*. Ano 16, 171-173. Fortaleza: Nova Jerusalém.

Tenney, M., Packer, J. & White, W. (2001). *Vida Cotidiana nos Tempos Bíblicos*. São Paulo: Editora Vida.

Trocmé, É. (2000). *L'Évangile selon Saint Marc*. Genève: Labor et Fides.

Trumbower, J. (1992). Born from Above. *Hermeneutische Untersuchungen zur Theologie*, 29. Tübingen: Mohr-Siebeck.

Volkoff, V. (2004). *Lecture de l'Évangile selon Saint Jean*. Lausanne: Éditions L'Age d'Homme.

Vos, H. (1981). *Gálatas: una llamada a La libertad Cristiana*. Grand Rapids: *Kregel Publications*.

Williams, S. (1997). Galatians. *Abingdon New Testament Commentaries (ANTC)*. Nasville: Abingdon Press.

Teses e dissertações

Bartlett, D. (1972). *Exorcism Stories in the Gospel of Mark*. (Doctor in Philosophy). Princeton: Yale University

Glancy, J. (1990). *Satan in the Synoptic Gospels*. (Doctor in Philosophy). Nova York: Columbia University.

Galvão, M. L. (2005). *O Encontro de Jesus com a Samaritana: Es-*

tudo bíblico-teológico de Jo. 4:1-42. (Mestrado em Teologia Bíblica). Porto Alegre: PUC-RS.

Rodrigues, C. S. (2009). *O Messianismo na Genealogia de Jesus em Mateus*. (Mestrado em Ciências da Religião). Goiânia: Universidade Católica de Goiás.

Williams, R. (1997). *The Significance of Galatians 4:3 in the Argument of the Epistle*. (Doctor in Philosophy). Louisville: The Faculty of the Southern Baptist Theological Seminary.

Razafimanantsoa, E. (2005). *The Demonic Motif in the Structure of the Gospel of Mark*. (Doctor of Philosophy). Pasadena: Fuller Theological Seminary, Center for Advanced Theological Studies.

Filosofia e teologia sistemática

Brentano, F. (1995). *Psychology from an Empirical Standpoint*. Nova York: Routledge.

Figal, G. (2005). *Fenomenologia da Liberdade*. Rio de Janeiro: Forense Universitária,

Heidegger, M. (2009). *Ser e Tempo*. Petrópolis: Vozes. Trabalho publicado originalmente em 1927.

Husserl, E. (2001). *Logical Investigations*. Nova York: Routledge. Trabalho publicado originalmente em 1900.

Kant, I. (1995). O que é Esclarecimento. *A Paz Perpétua e outros Opúsculos*. Lisboa: Edições 70. Trabalho original publicado em 1783.

Mardones, J. M. (2006). *Matar a Nuestros Dioses: un Dios para un creyente adulto*. Madrid: PPC.

Nietzsche, F. (1986). *Assim Falou Zaratustra*. São Paulo: Círculo do Livro, Trabalho original publicado em 1883.

Ortega y Gasset, J. (1987). *A Rebelião das Massas*. São Paulo: Martins Fontes.

Platão. (2000). *Fédon*. Lisboa: Fundação Gulbenkian. Trabalho escrito originalmente em 399 a.C.

Platão. (1995). *A República*. Lisboa: Fundação Gulbenkian. Trabalho escrito originalmente em 380 a.C.

Rahner, K. (2008). *Curso Fundamental da Fé*. 4. ed. São Paulo: Paulus.

Ratzinger, J. (2011). *Introdução ao Cristianismo*. 4. ed. São Paulo: Edições Loyola.

Rúbio, A. G. (1989). *Unidade na Pluralidade*. 2. ed. São Paulo: Paulinas.

Segundo, J. L. (1982). *EL Hombre de Hoy ante Jesus de Nazareth*. (Vol. II, *1 Sinópticos y Pablo*). Madrid: Ediciones Cristiandad.

Scheler, M. (1994). *Da Reviravolta dos Valores*. Petrópolis: Vozes.

História

Bright, J. (2010). *História de Israel*. São Paulo: Paulus.

Burket, W. (1987). *Ancient Mystery Cults*. Cambridge: Harvard.

Donner, H. (1997). *História de Israel e dos Povos Vizinhos*. (Vols. I e II). São Leopoldo: Sinodal.

Eliade, Mircea. (1979). *História das Crenças e das Ideias Religiosas*. (T. II, vol. 2). Rio de Janeiro: Zahar.

Fohrer, G. (1983). *História da Religião de Israel*. São Paulo: Edições Paulinas.

Hinnells, J. (1973). *Persian Mythology*. Nova York: The Hamlyn Publishing Group Limited.

Gass, I. B. (2010). As Comunidades Cristãs da Primeira Geração. *Uma Introdução à Bíblia*. (Vol. 7). São Paulo: Paulus & CEBI.

Horsley, R. (2004). *Jesus e o Império: O Reino de Deus e a Nova Desordem Mundial*. São Paulo: Paulus.

Horsley, R. (2004). *Paulo e o Império: Religião e Poder na Sociedade Imperial Romana*. São Paulo: Paulus.

Lohse, E. (2000). *Contexto e Ambiente do Novo Testamento*. São Paulo: Paulinas.

Lamas, M. (1973). *Mitologia Geral: o Mundo dos Deuses e dos Heróis*. (Vol. V). Rio de Janeiro: Editorial Estampa.

Maier, J. (1996). *Entre Los dos Testamentos: Historia y Religión en la Época Del Segundo Templo*. Salamanca: Ediciones Sigueme.

Maggi, A. (2003). *Jesus e Belzebu, Satanás e Demônios*. Aparecida: Editora Santuário.

Mazzarolo, I. (2011). *O Apóstolo Paulo: o grego, o judeu e o cristão*. 2. ed. Rio de Janeiro: Mazzarolo Editor.

Pagels, E. (1996). *As Origens de Satanás*. Rio de Janeiro: Ediouro.

Petit, P. (1987). *A Civilização Helenística*. São Paulo: Editora Martins Fontes.

Schiavo, L. (1999). *2000 Demônios na Decápole: Exegese, História, Conflitos e Interpretações de Mc. 5:1-20*. São Bernardo do Campo: UMESP.

Schiavo, L. (2000). O Mal e suas Representações simbólicas: O universo Mítico e Social das Figuras de Satanás na Bíblia. *Estudos de Religião*. 19, 72. São Paulo: Universidade Metodista de SP.

Schwantes, M. (2008). *Breve História de Israel*. São Leopoldo: Editora Oikos.

Tenney, M., Packer, J. & White, W. (2001). *Vida Cotidiana nos Tempos Bíblicos*. São Paulo: Editora Vida.

Vaux, R. de. (1976). *Instituciones del Antiguo Testamento*. Barcelona: Editorial Herder.

Stegemann, E. & Stegemann, W. (2004). *História Social do Protocristianismo: Os primórdios do Judaísmo e as Comunidades de Cristo no Mundo Mediterrâneo*. São Paulo: Paulus & Sinodal.

Tilly, M. (2004). *Assim Viviam os Contemporâneos de Jesus: Cotidiano e Religiosidade no Judaísmo Antigo*. São Paulo: Edições Loyola.

Dicionários

Bailly, A. (2000). *Dictionnaire Le Grec Français*. Paris: Hachette.

Chantraine, P. (1999). *Dictionnaire étymologique de la langue grecque. Histoire dês mots*. Paris: Klincksieck.

Swetnam, J. (2003). *Dicionário do Grego do Novo Testamento*. São Paulo: Paulus.

Léxicos

Audi, R. (2006). *Dicionário de Filosofia de Cambridge*. São Paulo: Paulus.

Coenen, L. & Brown, C. (2000). *Dicionário Internacional de Teologia do Novo Testamento*. (Vols. I e II). São Paulo: Editora Vida Nova.

Drane, J. (2009). *Enciclopédia da Bíblia*. São Paulo: Loyola & Paulinas.

Hawthorne, Gerald F. & MARTIN, Ralph P. & REID, Daniel G. (org). *Dicionário de Paulo e suas Cartas*. São Paulo: Loyola, 2008.

Mateos, J. & Barreto, J. (2005). *Vocabulário Teológico do Evangelho de São João*. São Paulo: Paulus.

McKenzie, J. (2011). *Dicionário Bíblico*. São Paulo: Paulus.

Omanson, R. (2010). *Variantes Textuais do Novo Testamento*. Barueri: Sociedade Bíblica do Brasil.

Gramática grega

Freire, A. (1987). *Gramática Grega*. São Paulo: Martins Fontes.

Horta, G. P. (1983). *Os Gregos e seu Idioma*. (T. 1 e 2). Rio de Janeiro: Editora Di Giorgio & Cia Ltda.

Swetnam, J. (2002). *Gramática do Novo Testamento*. (Vols. I e II). São Paulo: Paulus.

Metodologia

Barrera, J. (1999). *A Bíblia Judaica e a Bíblia Cristã*. Petrópolis: Vozes.

Egger, W. (2005). *Metodologia do Novo Testamento*. São Paulo: Loyola.

www.ingramcontent.com/pod-product-compliance
Lightning Source LLC
Chambersburg PA
CBHW061653040426
42446CB00010B/1717